Ulrich B. Müller
Johannes der Täufer

Biblische Gestalten

Herausgegeben von
Christfried Böttrich und Rüdiger Lux

Band 6

EVANGELISCHE VERLAGSANSTALT
Leipzig

Ulrich B. Müller

Johannes der Täufer

Jüdischer Prophet
und Wegbereiter Jesu

EVANGELISCHE VERLAGSANSTALT
Leipzig

Bibliographische Information der Deutschen Nationalbibliothek
Die Deutsche Nationalbibliothek verzeichnet diese Publikation in der Deutschen Nationalbibliographie; detaillierte bibliographische Daten sind im Internet über http://dnb.dnb.de abrufbar.

2. Auflage 2013

Printed in Germany · H 6767

Das Buch wurde auf alterungsbeständigem Papier gedruckt.

Umschlaggestaltung: behnelux gestaltung, Halle/Saale
Satz: Druckhaus Köthen GmbH & Co. KG
Druck und Binden: Hubert & Co., Göttingen

ISBN 978-3-374-01993-9
www.eva-leipzig.de

INHALT

VORWORT

Vom historischen Johannes dem Täufer wissen wir nicht allzu viel. Nur einige Sätze sind von ihm authentisch überliefert. Als ich den Auftrag zu diesem Thema übernahm, hatte ich deshalb zunächst Bedenken, ein ganzes Buch über ihn zu schreiben. Doch es kam ganz anders. Zwar lässt die biblische Tradition diesen jüdischen Propheten nur an wenigen Stellen unmittelbar zu uns sprechen; umso mehr finden sich Aussagen über ihn, die zeigen, wie stark diese Gestalt die Menschen beschäftigt hat. Es war deshalb überaus reizvoll, der Wirkung Johannes des Täufers nachzuspüren, wie sie im jeweiligen Bilde, das man sich über ihn gemacht hat, auch heute noch deutlich greifbar ist.

Herzlich zu danken habe ich meinen studentischen Mitarbeiterinnen, Frau Silke Saulheimer und Frau Annika Wehmeyer, die das handschriftliche Manuskript in eine druckfertige Vorlage gebracht haben.

Nicht minder herzlich kann ich Herrn Frank Thinnes Dank sagen, der mich bei meinem »Ausflug« in die Kunstgeschichte kundig beraten hat.

Saarbrücken, im Mai 2002 Ulrich B. Müller

A. EINFÜHRUNG

Im Glaubensleben der christlichen Kirche hat Johannes der Täufer eine bedeutsame Rolle gespielt. Das muss zunächst einmal überraschen. Er wirkte ja als jüdischer Prophet und versuchte so, auf seine jüdischen Zeitgenossen einzuwirken. Immerhin taufte er Jesus von Nazaret und scheint eine Zeit lang sein Lehrer gewesen zu sein. Sein gewaltsamer Tod beendete seine Karriere nicht, wie dies für viele der jüdischen Prophetengestalten seiner Zeit gegolten hat, deren Wirken die Römer ein jähes Ende bereitet haben, was auch im Neuen Testament berichtet wird (Apg 5,36 f.). Die Täuferverehrung setzte sich vielmehr nach seinem Tode fort – auch und gerade in den christlichen Gemeinden. Er wurde zum großen Heiligen und stieg so in den christlichen Heiligenhimmel hinauf, während man ihn auf Erden zu bestimmten Festtagen feierte, besonders am 24. Juni, dem Johannistag. Das Mittelalter sammelte dementsprechend mancherlei Erzählungen und Legenden über ihn. Speziell die Heiligenberichte der sog. *Legenda aurea* preisen Johannes in den höchsten Tönen.[1] Es heißt gleich zu Beginn des Berichtes über ihn:

»Johannes der Täufer wird mit mancherlei Namen genannt. Er ist genannt ein Prophet; ein Freund des Bräutigams; eine Leuchte; ein Engel; eine Stimme; Elias; Täufer des Heilandes; Herold des Richters; Vorläufer des Königs.«

Später liest man in derselben Schrift u. a.:

»... im Fortgang seines Lebens waren in ihm mancherlei Gaben. Die Fülle der Gnade, die in ihm war, ward darin offenbar, dass er hatte die Vollkommenheit aller Heiligen ... Er war mehr als ein Prophet, da er auf Christum mit dem Finger wies.«

---

1 R. BENZ (Hrsg.), Die Legenda aurea des Jacobus de Voragine, Darmstadt [10]1984, 411–421.

Der hier erwähnte Finger wurde zum ikonographischen Zeichen für die Darstellung des Johannes in der Kunst, mit der man die Gestalt identifizieren kann.

Zurückhaltender als die Heiligenverehrung des Mittelalters urteilte die Reformation, wie Calvin, Institutio II 9,3 zeigt:

»In der Mitte zwischen Gesetz und Evangelium stand Johannes, dessen Amt sich mit beiden gleicherweise berührt.«

Weil er von der Kraft und Herrlichkeit der Auferstehung noch nichts wusste, steht er hinter den Aposteln zurück. Wiewohl nur Wegbereiter des Herrn, ist er doch unter die »Herolde des Evangeliums« zu zählen, wie Calvin sagt.

Von dem einstigen Interesse an Johannes dem Täufer ist heutzutage nur noch relativ wenig zu spüren. Man kennt vielleicht einige Kirchen, die seinen Namen tragen. Man weiß von dem Johannisfeuer, das am Vorabend des Johannistages angezündet wird. Ohne jede Kenntnis des Bezuges zu unserem Johannes ist wohl das Wissen um die Namen bestimmter botanischer Sachverhalte, der Johannisbeeren, die um Johanni reif werden, oder des Johanniskrautes, das erst als Bannmittel gegen böse Geister verwandt wurde und heute bei Depressionen helfen soll. Die Bedeutung und allgemeine Wertschätzung Johannes des Täufers haben im Zuge der Säkularisierung und der Entkirchlichung des öffentlichen Bewusstseins stark gelitten. Kunstkenner freilich erfreuen sich weiterhin der Bilder, die in Jahrhunderten von ihm gemalt wurden. Johannes hat sich damit in die Museen zurückgezogen, und auch viele der kirchlichen Zeitgenossen wissen nur noch wenig über ihn.

Dabei ist Johannes der Täufer für die Entstehung des Christentums von entscheidender Bedeutung gewesen.

Er hat auf seinen jüdischen Zeitgenossen Jesus von Nazaret so stark eingewirkt, dass dieser sich seiner Umkehrtaufe unterzogen hat. Einzelne Züge von Jesu Gerichtspredigt sind ohne den Einfluss des Johannes nicht vorzustellen, und auf diesem Wege sind Elemente der Täuferpredigt ins früheste Christentum gelangt. Aller Wahrscheinlichkeit nach hat die Taufpraxis der frühesten Gemeinde ihren Ursprung in der Johannestaufe. Wenn heutige Christen sich ihrer geschichtlichen Herkunft vergewissern wollen, so werden sie sicher vor allem nach Jesus und Paulus fragen; sie sollten aber diesen seltsamen, asketisch wirkenden Johannes nicht vergessen. Er wird sie daran erinnern, dass das frühe Christentum jüdische Wurzeln hat und dass Jesus von Nazaret gerade durch seine zeitweilig enge Verbindung mit dem Täufer überdeutlich sein Judesein offenbart. Gewiss verrät dieser Sachverhalt auch etwas von der Fremdartigkeit beider Gestalten, wenn man historisch nach ihnen forscht. Die Faszination, die sie einst ausgeübt haben, werden wir nur gebrochen wahrnehmen können. Dies gilt in starkem Maße für den Täufer, während Jesus durch seine Abkehr vom Täufer und durch seine Heilspredigt vom anbrechenden Gottesreich vertrautere Züge annimmt.

Trotz solcher Einschränkungen sollte man sich aber eines deutlich vor Augen stellen: Auch in der Gegenwart kann die Umkehrpredigt des Täufers, wie sie in den Evangelien überliefert ist (Mt 3,7–10 par Lk 3,7–9), eine inspirierende, ja aufrüttelnde Wirkung zeigen. Als Beispiel sei die Bußtagspredigt Helmut Gollwitzers gewählt, die er aus Anlass der Reichsprogromnacht vom 9. November 1938 gehalten hat.[2] Die Predigt

---

2 Text und Besprechung der Predigt Gollwitzers bei J. KONRAD (Hrsg.), Die evangelische Predigt, Bremen 1963, 357–376.

wendet sich nicht unmittelbar gegen die nationalsozialistischen Judenverfolger außerhalb der Gemeinde, sondern an die Dahlemer Gemeinde Gollwitzers, die als solche sicher keine direkte Schuld an den Ereignissen hatte und doch auf ihre indirekte Mitschuld angesprochen wird, insofern jene Verfolgungen »unter uns« mit der Kirche als Zeuge geschehen sind.

Die Predigt beginnt deshalb mit einer großen Beschämung der Gemeinde: »Wer soll denn heute noch predigen? Wer soll denn heute noch Buße predigen?« Der Hauptteil der Predigt setzt mit Lk 3,7 ein, dem Wort von dem Otterngezücht. Die Unbußfertigkeit wird als der geheime Grund der Unmenschlichkeit und des Verfolgungswahns herausgestellt:

»›Ihr Otterngezücht!‹ – so wird hier ein ganzes Volk angeredet. Ein Volk, das nach allem, was wir von ihm wissen, unter keinen Umständen schlechter war als das unsere heute... Würde der Täufer Johannes heute den gleichen Ruf erheben, so würde er wahrscheinlich als Landesverräter verschrien werden, und sicher würde sich in der evangelischen Kirche eine Einheitsfront finden, die ihn als Volksschädling und als Schädling der Kirche verurteilt und die Beziehung zu ihm abbricht...«

Der Umkehrprophet Johannes begegnet hier als derjenige, der auch der Kirche zur Zeit des Dritten Reiches ins Gewissen zu reden hat. Er wird erneut lebendig in der Person des Predigers Gollwitzer, der sich mit jenen einstmals gesprochenen Worten identifiziert.

Historische Nachfrage wird anders vorgehen. Wir werden uns distanzierter mit dem Täufer beschäftigen, wohl wissend, dass wir nur auf diesem Wege die Chance haben, der geschichtlichen Eigentümlichkeit dieser Gestalt innezuwerden. Dabei sind der historischen Forschung auf Grund der spärlichen Quellenlage enge Grenzen gesetzt. Nur einige Sätze aus seinem Munde sind in der frühchristlichen Überlieferung authentisch von ihm überliefert. Ganz anders steht es mit dem Urteil über ihn. Jesus von Nazaret hat zu ihm Stellung bezogen, und die Evangelienschreiber haben ein je eigenes Bild von ihm gezeichnet.

B. DARSTELLUNG

1. Johannes der Täufer – Persönlichkeit und geschichtliche Situation

1.1. Herkunft, Geburt, Jugend Johannes des Täufers

Über die möglichen Anfänge des Johannes sind wir nur auf dem Umweg über die Legende unterrichtet. Sie setzt das geschichtliche Wirken des Helden bereits voraus und erzählt im Rückblick über sein Leben. Die Ankündigung der Geburt Johannes des Täufers (Lk 1,5–25) sowie seine Geburtsgeschichte (Lk 1,57–66) sind echte Personallegenden, die die Bedeutung ihres Helden, von dessen Gewicht sie überzeugt sind, an den Ereignissen seiner Erzeugung und Geburt darstellen. Die Geburtsgeschichte des Täufers enthält bereits eine umfangreiche Deutung der beschriebenen Figur, wobei besonders alttestamentliche Motive zu einem ganz eigenen Gewebe vereinigt sind. Eine buchstäbliche Geschichtlichkeit ist damit bereits ausgeschlossen, aber die Frage bleibt dennoch erlaubt, ob der Erzähler nicht historisch zutreffende Traditionen verwertet hat. Sicher gilt hier mehr als bei späteren Ereignissen des Wirkens des Täufers: Eine eigentliche Vita des Johannes kann nicht geschrieben werden. Dennoch wird man die Faktenfrage wegen des legendarischen Charakters der Quellen nicht einfach verbieten dürfen.

Zunächst stellt sich die Frage nach der Abstammung des Johannes aus priesterlichem Geschlecht. Bereits der Beginn der Ankündigung seiner Geburt erwähnt dieses Thema und stellt die Eltern vor: Der Vater Zacharias ist Priester am Jerusalemer Tempel aus der Klasse des Abia (1 Chr 24,10), die Mutter Elisabet stammt aus dem Geschlecht des Aaron, des ersten Hohenpriesters (Lk 1,5). Dabei wird sich der bibelkundige Leser an die Frau des Aaron mit gleichem Namen erinnern (Ex 6,23). Der Vater des Johannes ist danach einfacher Priester; denn von den 24 Klassen der Priesterschaft ist die Reihe des Abia die achte und somit keine der vornehmsten. Die ganze Erzählung setzt genuin jüdische Verhältnisse voraus. Als Priester ist Zacharias zweimal im Jahr für eine Woche im Tempel tätig; ansonsten wohnt er mit seiner Frau außerhalb Jerusalems in den Bergen Judas (Lk 1,23.39). Die Erzählung ist bei der Darstellung des priesterlichen Dienstes des Zacharias lebendig und wirklichkeitsnah, obwohl sie bei der Erwähnung der Einzelheiten des Tempeldienstes nicht vollständig ist, weil etwa die Begleitpriester fehlen. Zacharias ist für diesen Tag Hauptoffiziant (V. 8–10). Nach der Sitte des Priesterdienstes trifft ihn das Los, in den Tempel, das Heilige, hineinzugehen, um das Räucheropfer darzubringen. Bei dieser Verrichtung begegnet ihm die Epiphanie des Engels, der ihm trotz des vorgerückten Alters seiner Person und seiner Frau die Geburt eines besonders ausgezeichneten Sohnes ankündigt (V. 11–17). Das alttestamentlich-jüdische Kolorit des ganzen Berichts wird wieder deutlich. Denn wie bei den Vorbildern Abraham und Sara sind Unfruchtbarkeit und Alter Gründe für die bisherige Kinderlosigkeit (Gen 18,11), so dass die Geburtsansage für den Sohn, der vor Gott groß sein wird (1,15), eine starke Spannung in die Erzählung einbringt.

Auffällig ist die Beschreibung des Sohnes, der diesem priesterlichen Ehepaar geschenkt werden soll. Schon sein Name könnte für die zu Grunde liegende alte Erzählung Programm sein: Die Etymologie für Johannes bedeutet »JHWH (d.h. Gott) ist gnädig.«

»Groß« soll er werden vor dem Herrn, d. h. ein großer Prophet (»groß« als Prädikat des Jesaja, Sir 48,22). Dasselbe Prädikat gilt nun bezeichnenderweise auch für Jesus (Lk 1,32) in dessen Geburtsankündigung. Aus dem Vergleich beider Aussagen hat man zu Recht für 1,15 den Schluss gezogen: »Es ist nicht glaublich, daß ein Christ, wenn er aus Eigenem frei gestaltete, den Heiland und seinen Vorläufer mit gleichem Beiwort

Abb. 1: Ankündigung der Geburt des Johannes im Tempel, Perikopenbuch von der Reichenau (um 1000)

bedacht hätte. Hier ist von keiner Unterlegenheit, also auch von keinem christlichen Gesichtspunkt etwas zu spüren.«[3] Hier schimmert ältere jüdische Täufertradition durch, die Johannes noch unabhängig von christlicher Sichtweise betrachtet. Allerdings sind wir damit noch nicht beim Selbstverständnis des Täufers, sondern bei der Überzeugung seiner Anhänger, die ihn zum Propheten wie Elija erklären (1,17).

Für die Herkunft des Johannes gilt es festzuhalten, dass er wahrscheinlich aus priesterlichem Milieu stammt, was seine Familie angeht, dass sein späteres Auftreten aber eminent prophetische Züge besaß. Die priesterliche Abstammung könnte man damit bezweifeln, dass man auf das Fehlen von Hinweisen auf Tempel, Kult und priesterliche Frömmigkeit in der eigentlichen Predigt des Johannes aufmerksam macht. Doch ist dieses Problem an anderer Stelle zu behandeln, nämlich im Zusammenhang der Taufpraxis des Täufers (1.5). Immerhin soll hier schon ein möglicher Zusammenhang zwischen priesterlicher Herkunft des Johannes und späterer Tätigkeit als Täufer Erwähnung finden. Zur priesterlichen Aufgabe gehörte es, göttliche Sündenvergebung im Opferkult zu vermitteln. Hat der spätere Johannes durch seine Taufe, die zur Sündenvergebung führen sollte (Mk 1,4), eine entsprechende, nur andersartige Vermittlungstätigkeit ausgeübt? Jedenfalls findet sich in der Forschung die These: »Diese herkunftsmäßige, priesterliche Mittlerqualität des Johannes war sicherlich die entscheidende Komponente seiner aktiven Rolle beim Taufen, die ihn als rituellen Stellvertreter Gottes zum Täufer und die

---

3 M. Dibelius, Jungfrauensohn und Krippenkind, Tübingen 1953, 4.

durch ihn vollzogene Taufe zum wirksamen Sakrament gemacht hat.«[4]

Erwähnenswert sind noch Bemerkungen über Zeitpunkt und Ort der Geburt des Johannes, insofern die lukanischen Kindheitsgeschichten Angaben darüber machen (1,36.39). Historisch sind sie allerdings wenig ergiebig. Lk 1,5 steckt einen weiten Rahmen ab für die Geburt des Johannes: in den Tagen Herodes des Großen, des Königs von Juda (37–4 v. Chr.). Dabei leitet den Erzähler der Kindheitsgeschichte des Johannes kein historisches Interesse im modernen Sinne, vielmehr spielen heilsgeschichtliche Überlegungen eine Rolle. Die recht vage Angabe in Lk 1,5, die alttestamentliche Redeweise übernimmt, lässt sich auch nicht auf dem Umweg über die Zeitangaben der Berufung des Johannes zum öffentlichen Auftreten präzisieren (Lk 3,1: »im fünfzehnten Jahr der Regierung des Kaisers Tiberius«, 28/29 n. Chr.). Lukas datiert das Auftreten des Johannes einfach eine Generation später als das Datum der Geburt. Genaue Auskunft verspricht auch nicht der Vergleich mit Zeitangaben zu Jesus. Jesus ist nach Lk 3,23 etwa 30 Jahre alt, als er auftritt; nach 1,36 ist er sechs Monate jünger als Johannes. Doch helfen diese Angaben im Grunde nicht weiter. Das Geflecht von legendarischer Erzählung, heilsgeschichtlichem Interesse, sprachlicher Orientierung an alttestamentlichen Vorbildern und möglicher historischer Kenntnis ist in der lukanischen Darstellung nicht zu entwirren. Die Groborientierung an der Regierungszeit Herodes des Großen wird für die Geburt des Johannes stimmen, in den letzten Jahren vor dessen Tod (4 v. Chr.). Johannes wird älter sein als

---

4 H. STEGEMANN, Die Essener, Qumran, Johannes der Täufer und Jesus, Freiburg/Basel/Wien [9]1999, 304.

Jesus, ohne dass der angeblich halbjährige Altersunterschied (1,36) irgendeine Glaubwürdigkeit besitzt. Johannes wird jedenfalls der Ältere sein, wofür auch der Tatbestand spricht, dass Jesus sich der voraufgehenden Taufbewegung des Johannes kurzzeitig anschloss, wenn er sich von Johannes taufen ließ.

Den Geburtsort des Johannes gibt Lukas nicht an, es sei denn, man lässt sich auf mannigfache Spekulationen ein, die sich um die Bemerkung in Lk 1,39 ranken. Die nahe liegendste Übersetzung des Textes erkennt aber nur »eine Stadt Judas« im Bergland Judäas, in die sich Maria begibt, um Elisabet im Hause des Zacharias zu begrüßen. Die Erzählung zeigt sich nur daran interessiert, die Herkunft des Johannes aus dem Stammland des Judentums zu markieren, eine genaue Ortsangabe liegt außerhalb der Betrachtung.

In Lk 1,80 erfolgt ein abschließender Blick auf die Kindheit und Jugend des Johannes, die wiederum zu Spekulationen über Johannes angeregt hat, diesmal über einen frühen Aufenthalt des Johannes bei den Essenern in der Wüste in Qumran, denen er als Kind übergeben worden sein soll. Der jüdische Historiker Josephus berichtet über die Essener, dass sie fremde Kinder in einem für die Bildung fähigen Alter aufnehmen und nach ihren Sitten und Idealen erziehen (Bell. II 120). Johannes wäre also in der Gemeinde zu Qumran aufgewachsen. Doch sagt der Text nur dieses: »Das Kindlein aber wuchs und wurde stark im Geist und war in der Wüste bis zum Tage seiner Beauftragung für Israel« (Lk 1,80). Mit dem Letzteren ist die Berufung durch Gottes Wort gemeint, die Johannes in der Wüste trifft (Lk 3,2). Dabei will die Bemerkung über den Wüstenaufenthalt des Täufers vor seinem öffentlichen Auftreten wohl nur eines aussagen: Sie möchte das spätere Prophetendasein des Johannes, das schon anklang (Lk 1,15 ff.) und das eben in der Wüste geschah (Mk 1,4; Lk 3,2.4), bereits vorausweisend andeuten. Ansonsten will der frühe Aufenthalt in der Wüste ganz allgemein als Ort besonderer Gottesnähe verstanden werden. Ein früher Aufenthalt gerade in der Gemeinde zu Qumran ist durch nichts nahe gelegt, ja durch das Fehlen qumranspezifischer Züge im Wirken des späteren Täufers eigentlich ausgeschlossen. So hat etwa seine einmalige, naheschatologisch motivierte Taufe gar nichts mit den täglichen rituellen Tauchbädern der Essener zu tun. Ähnlich skeptisch wird man über eine These urteilen müssen, wonach der jüdische Historiker Josephus einen indirekten Hinweis auf das religiös-soziologische Umfeld Johannes des Täufers mache, wenn er von seiner eigenen Lebensgeschichte schreibt. Josephus berichtet, dass er im Alter von 16 Jahren die religiösen Richtungen des Judentums geprüft habe, die Pharisäer, Sadduzäer und Essener (Vita 2):

»Unter harten Abhärtungen und zahlreichen Mühseligkeiten durchlief ich die drei Sekten, und als ich dann meinen Wissensdrang noch immer nicht für befriedigt hielt, wurde ich der eifrige Schüler eines gewissen Banus, der, wie ich vernahm, in der Wüste lebte, Kleider von Baumrinde trug, wildwachsende Kräuter aß, und zur Reinigung sich öfter am Tage wie in der Nacht mit kaltem Wasser wusch. Bei ihm verbrachte ich drei Jahre ...«

Im Umfeld dieses Einsiedlers Banus, der gewisse asketische Züge trägt, sei nun auch, so die Hypothese, Johannes der Täufer anzusiedeln. Allein – alle Rückschlüsse bleiben hier vage; ja, es fehlen überhaupt wirklich charakteristische Gemeinsamkeiten zwischen jenem Banus und dem Täufer, so dass man von dieser Hypothese Abstand nehmen muss.

1.2. Orte des öffentlichen Auftretens: die Wüste und der Jordan

Übereinstimmend berichten die synoptischen Evangelien, dass die Wüste der Ort der Predigt und der Taufe des Johannes war (Mk 1,4; Mt 3,1; Lk 3,2). Gleichzeitig wird der Jordanfluss genannt, in dem Johannes taufte. Beides gehört zusammen, insofern mit Wüste jene nur für Weidezwecke geeignete Einöde zwischen dem Gebirge von Judäa und dem Toten Meer gemeint ist. Daran grenzt das untere Jordantal, d. h. die Araba. Johannes wirkte wohl an den Jordanübergängen östlich oder südöstlich von Jericho – dort, wo die Handelsstraßen von Jerusalem über Jericho nach Osten hin führten. Eine Rolle spielt dabei wohl von Anfang an die Erfüllung der prophetischen Verheißung, wie sie in Mk 1,2 f. als Verbindung von Mal 3,1 und Jes 40,3 formuliert ist:

»Siehe, ich sende meinen Boten vor dir her, der deinen Weg bereiten soll. Stimme eines Rufers in der Wüste: Bereitet den Weg des Herrn ...«

Der Wüstenaufenthalt des Johannes ist sicher kein nachträgliches christliches Postulat aus Jes 40,3; denn unabhängig von Mk 1,3 f. wird die Wüste auch in dem wohl authentischen Jesuswort in Mt 11,7 par Lk 7,24 als Ort des Täufers vorausgesetzt. An die Leute, die unbedingt Johannes begegnen wollten und an seine Wirkungsstätte gelaufen waren, ergeht die Frage Jesu:

»Warum seid ihr in die Wüste hinausgezogen? Um ein Schilfrohr zu sehen, das im Winde schwankt?«

Neben den synoptischen Angaben finden sich weitere im Johannesevangelium. Johannes trat danach in Bethanien jenseits des Jordans auf (1,28). Entsprechend 3,23 taufte er in Aenon bei Salim, weil dort viel Wasser war. Eine genauere Identifikation dieser andersartigen Ortsbestimmungen scheint aber nicht zu gelingen, weshalb man auf die allgemeineren Angaben der Synoptiker angewiesen ist. Jedenfalls lässt sich annehmen, dass Johannes am Jordan dort taufte, wo Menschen verkehrten, an Jordanfurten also, in unmittelbarer Nähe zur Wüsteneinöde nahe dem Toten Meer. Dieses Auftreten in der Wüste hatte heilsgeschichtliche Bedeutung, insofern es an Gottes Heilswirken an Israel in der Wüste erinnerte und daran anknüpfte. Zu fragen ist allerdings, warum Johannes ausgerechnet im Jordan (Mk 1,5–9; Mt 3,6; Joh 1,28; 10,40) taufte; er hätte auch andere Wasserstellen finden können. Bei dem Versuch einer Antwort ist zu beachten: Die Wüstenthematik deutet bereits eine symbolische Ortswahl an, die aber noch genauer zu benennen ist und wohl auf das Ostufer des Jordan verweist: »Den wahren Hintergrund für die besondere Ortswahl des Johannes erschließt allein die biblische Tradition. Denn Johannes hatte als Ort seines öffentlichen Auftretens genau jene Stelle gegenüber von Jericho gewählt, wo einst Josua das Volk Israel durch den Jordan hindurch in das Heilige Land hineingeführt hatte (Jos 4,13.19). Die Wahl des *Ostufers* des Jordans … entsprach dabei der einstigen Situation Israels *vor* dem Durchschreiten des Flusses.«[5] Wenn diese These zutrifft, hätte Johannes in einer Art symbolischer Zeichenhandlung seine Zeitgenossen in Israel in der Situation *vor* dem Übergang zur künftigen Heilszeit gesehen, und zwar in Entsprechung zu jener alten Wüstengeneration Israels unter

5 H. Stegemann, a. a. O., 296 f. Auf der Madabakarte, der ältesten Landkarte Palästinas auf einem Fußbodenmosaik einer Kirche im ostjordanischen Madaba, ist die Taufstelle des Johannes bezeichnet (vgl. Abb. 2).

Abb. 2: Madaba-Mosaikkarte mit der Taufstelle am Jordan (6. Jh.)

Josua, der das Gelobte Land zwar verheißen war, die selbst aber erst sterben musste, ehe ihre Kinder das Heilsziel erreichen durften. Dazu würde passen, dass Johannes seine Zeitgenossen, die zu ihm an den Jordan strömten, als sündige Schlangenbrut attackierte, denen allein erst »die Taufe der Umkehr zur Vergebung der Sünden« (Mk 1,4) Rettung versprach. Johannes hat also wohl dort getauft und zur Umkehr gerufen, wo Israel sich einst *vor* seinem Einzug in das Gelobte Land befunden hatte.

Für die Ostseite des Jordans könnte noch ein ganz praktischer Grund sprechen. Das Gebiet gehörte politisch zu Peräa, das der jüdische Tetrarch und Herodessohn Herodes Antipas (4 v. Chr. bis 39 n. Chr.) beherrschte. Hier ist Johannes nach der Kritik an ihm in der Festung Machärus gefangen gesetzt worden (Josephus, Ant. 18,116–119). Hätte Johannes am Westufer des Jordan gewirkt, wäre er vor den Nachstellungen des Herodes Antipas wahrscheinlich sicher gewesen.

1.3. Kleidung und Nahrung

Seit jeher ist aufgefallen, dass Markus in die Darstellung der Wirksamkeit des Täufers (1,4 f. und 1,7 f.) einen Hinweis auf die Kleidung und die Nahrung des Johannes einschiebt (1,6). Dieser Zusatz unterbricht den Zusammenhang und scheint ein merkwürdiges biographisches Interesse zu verraten, das der sonstige Bericht nicht kennt. Die Beschreibung des Täufers spricht von Kamelhaaren, mit denen Johannes bekleidet ist, von dem ledernen Gürtel um die Hüften und von der Speise, die aus Heuschrecken und wildem Honig besteht. Dabei dürfte die Notiz in 1,6 historisch zuverlässig sein; ein christliches Element ist jedenfalls nicht zu spüren.

Die Frage ist nur: Welchen Sinn hatte die Kleidung und die Speise des Johannes? Gewöhnlich denkt man an ein Gewand aus Kamelhaaren und einen ledernen Gürtel, die typologisch auf die Kleidung des Elija (2 Kön 1,8) oder allgemein auf den Prophetenmantel verweisen (Sach 13,4). Doch gelingt diese Identifikation nicht sofort. Die Elija-Erzählung erwähnt in 2 Kön 1,8 einen *baal sear,* wörtlich übersetzt einen »Herrn bzw. Mann des Haares«, gemeint ist ein behaarter Mann; daraus ergibt sich aber noch kein entsprechender Mantel. Zu einer entsprechenden Deutung von 2 Kön 1,8 gelangt man erst, wenn man den in anderen

Elija-Erzählungen erwähnten Mantel des Propheten berücksichtigt (1 Kön 19,13.19; 2 Kön 2,8.13 f.) und von daher 2 Kön 1,8 interpretiert. Allerdings fehlt die Materialangabe (Kamelhaar) in den Prophetentexten (2 Kön 1,8; Sach 13,4). Die Annahme, der historische Johannes habe den Mantel des Elija getragen, ist aber wohl begründet. Auch die Erwähnung des ledernen Gürtels (Mk 1,6) passt dazu. Die Septuagintafassung von 2 Kön 1,8 nennt immerhin einen ledernen Gürtel um die Hüfte, der hebräische Text kennt nur einen Lendenschurz aus Leder. Der aufgewiesene Befund macht es wahrscheinlich, dass Johannes der Täufer einen Bezug zur Person des Elija herstellen, ja sich mit seiner Bekleidung als Elija redivivus kennzeichnen wollte.

Wichtig aber ist noch etwas anderes. Die Kleidung des Johannes – Obergewand oder Mantel aus Kamelhaaren – war aus demselben Material gefertigt, aus dem Beduinen ihre Mäntel herstellten. In der Welt der Nomaden bietet sich Kamelhaargewebe ganz natürlich zur Anfertigung des Gewandes an. Auch der Ledergürtel ist ein beduinisches Utensil, das sie zum Schutz um den bloßen Leib geschlungen trugen. Die Kost aus gesottenen Heuschrecken wie der Wildbienenhonig sind Teil der kargen Nahrung von Beduinen. Ein symbolisch weitergehender Bezug ergibt sich dabei von selbst. Wenn Johannes sich wie ein Beduine kleidet und ernährt, so stimmt das zu seinem Auftreten und Wirken in der »Wüste«. Mit seiner Predigt und seiner Taufe am Jordan in der Araba knüpft er an die alte Wüstentypologie an. Wie in der Urzeit des Volkes Israel wird sich Gott auch in der Endzeit in der Wüste offenbaren.

Johannes hat seine Predigt nach außen hin in Kleidung und Nahrung verdeutlicht. Den Zeitgenossen des Johannes ist dies in besonderer Weise aufgefallen. Den Kulturlandbewohnern mussten die Wüstenzüge des Johannes als bewusste Abgrenzung vorkommen, was auch in der Jesustradition seinen Niederschlag gefunden hat: Jesus charakterisiert den Täufer als Menschen, der nichts isst und trinkt, d.h. fastet; Jesus dagegen gilt als Fresser und Weinsäufer (Mt 11,18f. par Lk 7,33f.). Der in Kleidung und Nahrung zum Ausdruck kommende Kontrast gegenüber dem Kulturland ist von Seiten des Täufers wohl als bewusste eschatologische Demonstration verstanden worden, die einen Bezug zu seiner Verkündigung hat. Der Ruf zur Umkehr an Israel (Mt 3,7ff. par Lk 3,7ff.), der im Zentrum seiner Botschaft steht, ist gleichzeitig eine Absage an das Bestehende, die in der Wahl der Wüstennahrung und -kleidung anschaulich wurde; das Bestehende aber, das es in der Perspektive des Johannes aufzugeben gilt, ist die vermeintliche Sicherheit des Kulturlandbewohners. Letztere scheint dabei nur ein äußeres Indiz für die falsche Heilsgewissheit im Religiösen zu sein, das unberechtigte Vertrauen in die Abrahamskindschaft Israels. Wenn der Täufer das Leben des Beduinen praktiziert, zeigt er auf seine Weise, dass er die jetzt geltende Lebensordnung in Israel in Frage stellt.

1.4. Die Predigt Johannes des Täufers

1.4.1. Der besondere Charakter der Gerichtspredigt

Die eschatologische Predigt das Johannes ist uns in der Logienquelle überliefert (Mt 3,7–10 par Lk 3,7–9) und kann recht gut rekonstruiert werden. Sie ist in beiden Fassungen fast gleich tradiert und zeigt keine jesuanischen oder christlichen Beeinflussungen. Vergleicht man Mt 3 und Lk 3, so fällt nur die pluralische Aussage bei Lk auf (»der Umkehr entsprechende Früchte«), die sich aber als redaktionelle Angleichung an die folgenden Beispiele geforderten Verhaltens in Lk 3,10–14 erklären lässt. So wird man als älteste Gestalt etwa folgenden Text sehen dürfen, der auf den Täufer selbst zurückgehen wird:

»Ihr Schlangenbrut,
wer hat euch beigebracht, dem kommenden Zorn zu entfliehen?
Bringt also der Umkehr entsprechende Frucht!
Und kommt nicht auf den Gedanken, bei euch zu sagen:
›Wir haben ja Abraham zum Vater!‹
Denn ich sage euch: Gott kann Abraham aus diesen Steinen Kinder erwecken.
Schon ist die Axt an die Wurzel der Bäume gelegt.
Jeder Baum nun, der keine gute Frucht bringt,
wird ausgehauen und ins Feuer geworfen.«

Der Aufbau der ganzen Rede ist einigermaßen durchsichtig. Die ersten beiden Zeilen enthalten die Scheltrede mit ihrer Anklage, die in der disqualifizierenden Anrede ihren Ausgang nimmt. Die Anklage ist pauschal und klingt aggressiv, zumal keine eigentliche Begründung folgt: »Bösartige Giftschlangen seid ihr.« Zentrales Stichwort ist »der kommende Zorn«, der die Situation der Angeredeten bedroht.

In der dritten Zeile schließt sich der positiv gefasste Umkehrruf an, dem in negativer Hinsicht eine breit formulierte Warnung vor dem Appell an die Abrahamskindschaft zugeordnet ist.

Eine Art Proklamation der Nähe des Gerichts folgt, die die Gegenwart des Hörers in den Horizont des Gerichts stellt (»schon«). Eine kurze bedingte Gerichtsdrohung rundet das Ganze ab. Das Letztere ist wichtig. Das im Griechischen stehende Partizip in Mt 3,10b ist ein konditionales Partizip. »Jeder Baum, der keine gute Frucht bringt ...« meint doch »wenn ein Baum keine gute Frucht bringt ...«. Erst auf die Angabe der Bedingung folgt die Gerichtsankündigung. Diese hat die Funktion einer Drohung, die der Nichtbeachtung des Umkehrrufes aus Mt 3,8 gilt. Diese Struktur ist zu beachten. Die Täuferrede ist also keine apodiktische Gerichtsrede, die nur das Gericht ansagt, ohne eine Umkehr – d.h. Rettungsmöglichkeit – anzubieten. Ganz im Gegenteil! Der Umkehrruf impliziert ja sinnnotwendig, dass eine allerdings letzte Heilsmöglichkeit besteht.

Dieser Sachverhalt unterscheidet Johannes von einer jüdischen Gerichtsprophetie, wie sie Jehoschua ben Hananja in den Jahren ab 62 n. Chr., also vor dem Jüdischen Krieg, als Jerusalem noch Frieden und Wohlstand genoss, zum Verdruss seiner Bewohner immer wieder schreiend von sich gab:

»Eine Stimme vom Aufgang,
eine Stimme vom Niedergang,
eine Stimme von den vier Winden!
Eine Stimme über Jerusalem und den Tempel,
eine Stimme über Bräutigam und Braut,
eine Stimme über das ganze Volk!«

Die »Stimme«, die der jüdische Historiker Josephus (in Bell. 6,300 f.) zitiert, ist als unbedingt geltender Weheruf gemeint (vgl. die 6,304–309 erwähnten Weherufe), der Unheil und Gericht ankündigt, ohne dass noch ein heilsermöglichender Umkehrruf erfolgt. Diese »Stimme« findet ihren Höhepunkt in den Rufen »Wehe dir, Jerusalem!« – »Wehe auch mir!« In diese Tradition apodiktischer Gerichtsprophetie (vgl. schon Am 5,18–20; 7,8; Jes 6,11 f.; 22,14) gehört Johannes der Täufer jedenfalls nicht. Er ist vielmehr der Tradition deuteronomistischer Umkehrpredigt zuzuordnen, die zwar Israel wegen seines wiederholten Abfalls und seiner Halsstarrigkeit anklagte, aber doch immer eine Bußmöglichkeit offen ließ. Diese deuteronomistische Redeform wirkt in jüdischen Texten nach, die die zu Grunde liegende Form noch in literarischer Gestalt erkennen lassen, immer geprägt durch die bedingte, nicht apodiktische Gerichtsdrohung (äthHen 91,3–7.18 f. ; Jub 7, 20–29; 36, 3–11; LibAnt 20,3–4).

Ist der Charakter bedingter Gerichtspredigt für die Johannespredigt erkannt, wird man nicht, wie dies geschieht, sagen dürfen: Bei Johannes steht die bisher offene Möglichkeit der Wiederholung der Buße nicht mehr zur Verfügung.[6] Die schlichte Tatsache des Umkehrrufes widerlegt diese These. Es geht bei Johannes allerdings um eine radikale Verschärfung, insofern er eine letztmalige Umkehrmöglichkeit anbietet. Dies zeigt insbesondere die auffallende Proklamation der Nähe des Gerichts, die in jüdischen Vergleichstexten nicht erscheint und das Besondere der Johannespredigt ausmacht: »Schon ist die Axt an die Wurzel der Bäume gelegt.« Diese Proklamation akzentuiert die extrem bedrohliche Nähe des »kommenden Zornes« und des Feuergerichts. Angesichts dessen gilt es, keine Zeit zu verlieren.

1.4.2. Der kommende Zorn und das Feuergericht

Johannes weist seine Zeitgenossen zurück, die leichthin dem bevorstehenden Zornesgericht zu entkommen versuchen. Was ist aber dieser Zorn? Der Begriff weist in die alttestamentliche Prophetie wie auch in die Vorstellungen frühjüdischer Eschatologie. Besonders die prophetische Verkündigung vom »Tag Jahwes« ist hier zu nennen. Dieser heißt bei Ezechiel und Zefania auch »Tag des Zornes Jahwes« (Ez 7,19; Zef 1,15.18; 2,2.3; ähnlich Jes 13,3.9.13). Beachtlich ist der absolute Gebrauch des Begriffs »Zorn«, wie er in der Täuferpredigt zur Bezeichnung des Strafgerichts steht. Schon Sir 48,10 erwartet von Elija, er sei bestimmt, »bereit zu sein für die Zeit, um zur Ruhe zu bringen den Zorn.«

---

6 J. Becker, Jesus von Nazaret, Berlin/New York 1996, 47.

Und grHen 5,9 sagt von den Gerechten: »Sie werden nicht sterben im grimmigen Zorn«. PsSal 15,4 f. spricht von der »Feuerflamme und dem Zorn(gericht) über die Ungerechten«. Damit taucht bereits das Motiv des Feuers auf, das das Mittel darstellt, um die Sünder beim eschatologischen Gericht zu vernichten. In den wenigen Worten Johannes des Täufers, die die Spruchquelle überliefert, taucht das Motiv gar dreimal auf: im Zusammenhang der Bildworte vom unfruchtbaren Baum (Mt 3,10), dem Weizen und Stroh (Mt 3,12) und der Ankündigung des Stärkeren, der mit Feuer taufen wird (Mt 3,11). Es gehört ursprünglich auch in den Kontext der Verkündigung vom »Tag Jahwes« (Joel 2,3; 3,3; Obd 18), und Nah 1,6 erklärt: »Sein Zorn ergießt sich wie Feuer, und Felsen geraten in Brand davon.« Zu nennen ist noch Mal 3,19, wo der Tag Jahwes »wie ein Ofen brennt«, alle Gottlosen zu Stroh werden und »der kommende Tag« sie wegbrennt, so dass nichts übrig bleibt (ähnlich Obd 18).

Vor diesem kommenden Zorn warnt Johannes der Täufer und weist all jene zurück, die meinen, ihm entfliehen zu können. Gemeint sind seine Zeitgenossen, und damit das vorfindliche Israel, die, wie er ihnen unterstellt, bei sich sagen: »Wir sind das von Gott erwählte Volk Israel, haben Abraham zum Vater und können uns auf seine Gnade und Barmherzigkeit verlassen.« Diese Heilszuversicht, die sich auf die immer wiederkehrende Sündenvergebung Gottes verlässt, zerschlägt Johannes: Gott kann ganz Israel die Väterverheißung wegnehmen und an Israel vorbei seine Zusage durch ein Wunder realisieren: »Gott kann Abraham aus diesen Steinen Kinder erwecken.« Sollte sich Israel der Abrahamskindschaft nicht als würdig erweisen, kann Gott sich neue Kinder Abrahams erwecken, wenn nötig aus »diesen«, d. h. den umher liegenden Steinen da. Diese Drohung muss schockierend gewirkt haben. Sie steht ja im Zusammenhang mit der vorausgehenden Invektive »Schlangenbrut«: Gerade die, die sich als Kinder Abrahams empfinden, sind in den Augen des Täufers »Gezeugte von Giftschlangen«. Angesichts dieser scharfen Anklage, die die Bösartigkeit Israels anvisiert, muss die dennoch bestehende Rettungsmöglichkeit, die diese Drohung impliziert, geradezu erstaunen.

Die Drohung setzt voraus, dass die bisherige Möglichkeit der immer wieder neuen Umkehr auf Grund der Abrahamskindschaft nicht mehr gilt. Angesichts des unmittelbar bevorstehenden Zornestages Gottes gibt es nur noch eine einzige allerletzte Umkehr. Man hat zu Recht darauf verwiesen, dass die in Israel dominierende deuteronomistische Tradition an die Treue und Gnade Gottes erinnerte, der trotz der Sünden Israels zu seinen Verheißungen steht (Neh 9,33; Tob 13,1–5). Danach wird Gott nicht in seinem Zorn bleiben und »nicht immer wird er sein Volk vergessen, nicht wird er das Geschlecht Israel zu nichts auf die Erde werfen und er hat nicht den Bund mit unseren Vätern für nichts geschlossen ...« (LibAnt 9,4). Der Rekurs auf die Erwählungstraditionen ist also der traditionelle israelitisch-frühjüdische Weg, um sich nach einem Fehlverhalten erneut der göttlichen Gnade zu vergewissern: »Wir haben Abraham zum Vater«. Nach Auskunft Johannes des Täufers ist dieser Weg der Heilsgewissheit aber beendet. Denn für ihn geht Gott mit seinem Volk nicht mehr den gewohnten Gang wie bisher. Man kann als Grundannahme vermuten: Das dauernde Anhäufen von Schuld und Sünde hat Israels Heilszusagen verbraucht und Gottes Geduld erschöpft. Das Zornesgericht Gottes ist bedrohlich nahe: »Schon ist die Axt an die Wurzel der Bäume gelegt.«

Abb. 3: Johannes als Gerichtsprediger mit Axt an verdorrtem Baum, Reims, Innenraum der Kathedrale (14. Jh.)

Johannes hat bei diesem Bildwort wohl eine Obstplantage vor Augen; in ihr gibt es auch schlechte Bäume, die keine Frucht bringen und deshalb entfernt und verbrannt werden. Das Wort vom Holzfällen formuliert dann mit drohender Prägnanz: »Schon hat der Fäller die Wurzel bloßgelegt..., schon ist die Axt wägend und messend angelegt – der ausholende Schlag steht unmittelbar bevor.«[7] Wer der Baumfäller ist, wird nicht ausdrücklich gesagt. Das Wort spricht durchweg im Passiv. Doch kann kein Zweifel daran bestehen, dass Gott gemeint ist, der die vernichtende Aktion durchführt (vgl. Jes 10,33 f.). Im Vordergrund des Bildwortes steht die drängende Nähe dieses Ereignisses (vgl. das betonte »schon«) und damit die Dringlichkeit der geforderten letzten Umkehr. Möglicherweise zielt die intendierte Metaphorik aber darüber hinaus und will beim Hörer des Bildwortes das Bild der ganzen Pflanzung, das verdeckt Israel meint, aufscheinen lassen. Jedenfalls findet sich eine jüdische Anklage gegenüber Israel, die in ähnlicher Weise mit dem Motiv der Pflanzung und dem Fruchtbringen argumentiert (LibAnt 28,4). Gott spricht dort:

»Und ich werde mir einen großen Weinberg pflanzen, und aus ihm werde ich auswählen eine Pflanzung und sie ordnen, und ich werde sie mit meinem Namen nennen, und sie wird immer mein sein. Aber wenn ich alles geschaffen habe... wird doch meine Pflanzung, die nach mir benannt worden ist, nicht mich als ihren Pflanzer erkennen, sondern sie wird ihre Frucht verderben, so dass sie ihre Frucht nicht hervorbringt.«

Der Weinberg meint wohl Israel, die Pflanzung einen Teil desselben. Wie die Pflanzung hier nicht die zu erwartende Frucht bringt, Israel sich also letztlich

---

7 H. Schürmann, Das Lukasevangelium. 1. Teil, HThK III/1, Freiburg [3]1984, 166.

verweigert, so impliziert auch das Wort Johannes des Täufers eine Verweigerungshaltung seiner Zeitgenossen Gott gegenüber, die dieser nicht länger hinnimmt. Beim Täufer ist das Gerichtsende bedrohlich nahe. Es gibt nur noch eine Chance, jene letzte Möglichkeit zur Umkehr, um mit der durch Johannes angebotenen Taufe Vergebung der Sünden zu erlangen.

1.4.3. Die Ankündigung des Stärkeren

Im Unterschied zu dem Teil der Täuferpredigt, der im vorangehenden Abschnitt besprochen wurde, macht die Rekonstruktion der ursprünglichen Täuferbotschaft bei Mt 3,11 f. par Lk 3,16 f. einige Schwierigkeiten, da hier neben dieser Q-Überlieferung noch der Markustext eine Rolle spielt (Mk 1,7 f.). Den Vorzug verdient allerdings die Spruchquelle Q. Meistens sieht man den Wortlaut von Q zu Recht bei Mt besser bewahrt als bei Lk (abgesehen vom Zusatz »zur Buße«) und findet Lk in größerer Abhängigkeit von Mk. Allerdings scheint »nach mir« in der Verbindung »der aber nach mir kommt« bei Mt von Mk 1,7 her eingefügt. In ähnlicher Weise könnte die Vergleichswendung »als ich« christianisierende Veränderung sein. Fraglich vor allem ist die Wendung »mit heiligem Geist und Feuer« in Mt 3,11 par Lk 3,16. Die Erwähnung des heiligen Geistes ist dabei schon in der Spruchquelle am ehesten als Verchristlichung zu verstehen, die den Gegensatz von Wasser- und Geisttaufe, wie er christlicherseits thematisiert wurde (vgl. Joh 1,33; Apg 19,1-7), enthält. Streicht man die Erwähnung des Geistes, so erhält man zudem einen Parallelismus mit klarer Antithese: »Ich taufe euch mit Wasser, er aber wird euch mit Feuer taufen.« Deutlich ist außerdem, dass in der ganzen Täuferpredigt nur das Feuer (nicht Geist und Feuer) als Mittel des Gerichts erscheint. Nach diesen Überlegungen legt es sich nahe, folgenden Textwortlaut der ursprünglichen Täuferpredigt zuzuschreiben:[8]

»Ich taufe euch mit Wasser;
der aber ... kommt, ist stärker als ich;
ich bin nicht wert, ihm seine Sandalen zu bringen;
er wird euch mit ... Feuer taufen.

Die Worfschaufel ist in seiner Hand,
und er wird seinen Ausdrusch reinigen
und seinen Weizen in den Speicher sammeln,
das Stroh aber wird er verbrennen in unauslöschlichem Feuer.«

Johannes der Täufer kündigt einen »Stärkeren« an, der kommt, und zwar zum Gericht. Das Stichwort des Kommens weist deutlich auf die Tradition von Gottes Parusie zum Gericht. Diese Parusie wird in alttestamentlichen Texten als gewaltige Theophanie geschildert, wobei immer wieder das »Kommen« Erwähnung findet (Jes 66,15 f.; Sach 14,5; Mal 3,1 f.; Ps 50,3; 96,13; 98,9; äthHen 1,3–9; AssMos 10). Die Theophanie Gottes hat im Motiv des Kommens geradezu ihren eigentümlichen Ausdruck.

In dieselbe Richtung weist die Bezeichnung »der Starke« bzw. »der Stärkere«. In der griechischen Übersetzung des AT, der Septuaginta also, ist »stark« Übersetzung für hebräisches *El* (= Gott); »der Starke« ist in der LXX geradezu geläufiger Gottesname (2 Kön 22,31.32.33.48; 23,5; Ijob 22,13; 33,29; 34,31; 36,22). Dem entsprechen frühjüdische Texte, wenn sie Gott den Titel *fortis* oder *fortissimus* geben (oft in LibAnt, mehrfach in 4 Esr und entsprechend in syrBar). Sollte in der ursprünglichen Täuferpredigt das den Komparativ

8 Rekonstruktion nach M. REISER, Die Gerichtspredigt Jesu, NTA NF 23, München 1990, 154–156; ähnlich J. BECKER, Jesus von Nazaret, 52 f.

»stärker« bestimmende, aber auch relativierende »als ich« gefehlt haben, ergäbe sich für den absoluten Gebrauch ein volkssprachlicher Superlativ: »Es kommt der Stärkste.«[9]

Jedenfalls verkündet Johannes Gott als den Stärkeren (bzw. Stärksten), der die Feuertaufe verrichten wird; er selbst aber bietet die Wassertaufe an, die als Zeichen für die Bereitschaft zur Umkehr die letzte Rettungsmöglichkeit darstellt. Gegen die nahe liegende Identifikation des kommenden Feuertäufers mit Gott hat man als Einwand immer wieder auf die so anthropomorph klingende Sprache verwiesen, wonach der Täufer zu gering sei, Gottes Sandalen zu tragen. Wer wird schon von Gottes Sandalen oder Schuhriemen reden? Sicher hat das Judentum im Allgemeinen Anthropomorphismen, bezogen auf Gott, vermieden. Doch redet Johannes in den wenigen überlieferten Worten auch sonst in ganz starken und krassen Bildern. Seine drastische, zum Paradox neigende Sprache kann sich also durchaus auch in der Rede über Gott artikuliert haben. Johannes illustriert seine eigene Unwürdigkeit mit dem Bild des Sklaven, der eigentlich zu gering ist, seinem Herrn die Sandalen auszuziehen, wegzutragen und zu bringen.

An dieser Stelle ist noch nicht ausführlich auf die Taufe des Johannes einzugehen, da dies in einem gesonderten Abschnitt erfolgen soll. Immerhin sei hier vorläufig schon betont: Es geht um den Sinn der Antithese »Ich taufe euch mit Wasser, er wird euch mit Feuer taufen«. Gemeint ist wohl: Wer sich nicht taufen lässt, wird in der Feuertaufe des »Stärkeren«, mit der Gott die Sünder vernichtet, untergehen. Wer

---

9 Vgl. J. Ernst, Johannes der Täufer, BZNW 53, Berlin/New York 1989, 50.

aber zur Umkehr bereit ist und sich der Wassertaufe unterzieht, der wird vor der Feuertaufe bewahrt bleiben; er gehört zu den Geretteten, die die endgültige Heilszeit erleben. In der Wassertaufe des Johannes liegt also eine positive Entsprechung zum vernichtenden Feuergericht.[10] Wenn man auch keine eigentliche Heilspredigt bei Johannes findet, so hat man doch zu beachten, dass die Wassertaufe als Ausdruck der Umkehrbereitschaft das Mittel ist, dem zukünftigen Zornesgericht zu entfliehen und so das eschatologische Heil zu erlangen.

Wie ist das Feuergericht des »Stärkeren« verstanden? Johannes hat keine kosmische Katastrophe im Blick, etwa einen Weltenbrand (2 Petr 3,7). Bei seinem Gericht geht es nur um die Vernichtung der Sünder (Jes 66,15 f.), die Schöpfung bleibt erhalten. Das Feuer wird ja auch nur die unfruchtbaren Bäume und das Stroh treffen; für die Umkehrbereiten steht die Erde dann als Heilsort zur Verfügung.

Das Wort vom Feuertäufer kündigt das Gericht auf pauschale Weise an, das folgende Bildwort will präzisieren. Das Bildwort vergleicht Gott mit einem Mann, der nach der Ernte das Getreide worfelt. Der Worfelnde warf nach damaligem landwirtschaftlichem Brauch das gedroschene Getreide mit einer Worfschaufel gegen den Wind. Der Wind wehte die leichte Spreu fort, es blieben die schweren Körner, die auf den Boden fallen, und die gröberen Halmteile, das Stroh bzw. der Häcksel. Im vorliegenden Bildwort will der Worfelnde dementsprechend das auf der Tenne liegende, bereits gedroschene Getreide durch Worfeln reinigen, er will also die Weizenkörner vom Stroh trennen. Es geht nicht darum, wie manche Übersetzungen nahe legen, die

---

10 M. Reiser, Die Gerichtspredigt Jesu, 174.

Tenne zu fegen, sondern das bereits gedroschene Getreide zu worfeln. Dies meint der griechische Text von Mt 3,12 par Lk 3,17: »den Ausdrusch (durch Worfeln) reinigen.« Worauf es dem Wort dabei ankommt: Der Worfelnde wird den Weizen im Speicher sammeln, das Stroh aber wird er verbrennen. Bei dem Bildwort ist klar, dass es auf ein Handeln Gottes ausgerichtet ist. Er wird – so wohl die gemeinte Metaphorik – die Reinigung Israels in der Trennung von Stroh und Weizen vollziehen und den unbrauchbaren Teil der Vernichtung durch Feuer anheim geben. Im Hintergrund steht möglicherweise eine alttestamentliche Vorstellung, wie sie in Obd 18 und besonders in Mal 3,19 anklingt. Mal 3,19 lautet:

»Denn siehe, der Tag kommt, der wie ein Ofen brennt, dann werden alle Vermessenen und alle, die gottwidrig handeln, zu Strohstoppeln.
Es brennt sie weg der kommende Tag …
so dass er ihnen nicht übrig lässt Wurzeln noch Zweige.«

In jedem Fall meint die Predigt Johannes des Täufers: Israel, das bei seinem Bildwort mit dem gesamten Ausdrusch verglichen wird, bedarf der Reinigung. Das »Korn«, das in den Speicher kommt, stellt den Teil Israels dar, der jetzt auf seine Predigt hin umkehrt. Diesem Teil gilt das eschatologische Heil, dem sonstigen Volk verkündet er das endgültige Strafgericht, die Vernichtung durch Feuer.

Johannes wendet sich damit an das ganze Volk; alle laufen Gefahr, dem Gericht zu verfallen. Aber immerhin: Es gibt noch eine Chance! Wer dem Feuer entgehen will, muss der Bußpredigt Folge leisten. Es bleibt freilich nicht mehr viel Zeit, da der Richter die Worfschaufel schon in der Hand hält.

Taufe und Umkehrpredigt des Johannes gehören unmittelbar zusammen. Die ihn als Täufer besonders charakterisierende Handlung heißt ja »Taufe der Umkehr zur Vergebung der Sünden« (Mk 1,4). Gemeint ist zunächst, dass die Taufe Zeichen und Ausdruck der Umkehrbereitschaft des Taufwilligen ist, eine endgültige Entschlossenheit, Gott in der Erfüllung seines Gesetzes zu folgen. Gleichzeitig wird erkennbar, was den Zweck bzw. das Ziel der Taufe ausmacht. Wenn die Johannestaufe die Vergebung der Sünden bewirken soll, gilt sie als wirksames Zeichen der Besiegelung dafür, dass der Grund des göttlichen Zornesgerichts, die Anhäufung der Sünden und des Ungehorsams gegen Gott, annulliert wird. Anscheinend genügte nicht die bloße Umkehr und ein zukünftig sündenfreier Wandel. Es gab das Problem der im bisherigen Leben angesammelten Sündenlast. Nötig war deshalb ein gesonderter Ritus, der diese angehäufte Sündenschuld nicht zur gerichtsrelevanten Auswirkung kommen ließ. Nun gilt nach alttestamentlich-jüdischem Verständnis, dass kein Mensch, auch nicht der Täufer, Sünden vergeben kann, sondern allein Gott. Man könnte deshalb den Schluss ziehen, dass die Taufe des Johannes nicht selbst schon (quasi als sakramentaler Akt) die Vergebung der Sünden bewirkte. Vielmehr erfolgte die Taufe des Johannes nur *zur* Vergebung der Sünden durch Gott. Diese finale Formulierung »zur Vergebung der Sünden« hat dabei wohl futurisch-eschatologischen Sinn. Die Taufe war die Gewährleistung dafür, dass Gott selbst den Getauften im künftigen Zornesgericht die bis zur Taufe begangenen Sünden nicht anrechnen würde.[11] Auf

11 H. STEGEMANN, Die Essener, Qumran, Johannes der Täufer und Jesus, 303.

diese Weise sicherte sie den Getauften den Zugang zum künftigen Heilsbereich, indem sie sie vor der Vernichtung durch das Feuergericht bewahrte. Obwohl die Sündenvergebung sicherlich dem göttlichen Handeln vorbehalten blieb, wird man doch von einer Zueignung derselben durch den Täufer sprechen dürfen. Wahrscheinlich war die Taufe als wirksame Zeichenhandlung gedacht – ähnlich wie die Symbolhandlungen israelitischer Propheten. Das Zeichen war danach eine schöpferische Präfiguration des Kommenden, dem die Verwirklichung alsbald folgen musste.

Des Öfteren bezeichnet man die Johannestaufe als »eschatologisches Sakrament«. Dies ist nach dem eben Gesagten nur dann hilfreich, wenn man die Taufe nicht unmittelbar als eschatologische Heilsgabe versteht, sondern ihre – allerdings heilswirksame – Bezogenheit auf das göttliche Gericht berücksichtigt. Sie vermittelt den Umkehrbereiten, die sich auf den Weg der konsequenten Erfüllung des Gesetzes begeben wollen, die feste Zusage der Sündennachlassung. Die Taufe selbst ist nicht selbst eschatologische Heilsgabe, sie ist dem Eschaton noch vorgeordnet. Sie bleibt jedoch ein Mittel, dem Zornesgericht zu entfliehen. Sie verheißt in einer symbolträchtigen Handlung den Umkehrwilligen die eschatologische Rettung vor dem vernichtenden Feuer, weil sie »zur Vergebung der Sünden« geschieht, d.h. zum Erlass derselben als Grund des Gerichts.

In der Tat wird man bei der Johannestaufe ein Charakteristikum darin sehen dürfen, dass hier eine enge Verbindung von Botschaft des Johannes und symbolträchtiger Zeichenhandlung vorliegt. Besteht – wie wahrscheinlich – in der Ankündigung »Ich taufe euch mit Wasser, er aber wird euch mit Feuer taufen« die klare Antithese Wassertaufe – Feuertaufe, so zielt die gewählte Bildsprache auf die Rettung durch das löschende Wasser der Johannestaufe.

Mit dieser Feststellung steht der äußere Vollzug der Taufhandlung in seiner Besonderheit zur Diskussion. Nicht umsonst haben die Menschen damals Johannes als den »Täufer« bezeichnet (z. B. Mt 11,11 f.; Mk 8,28; Lk 7,33; Josephus, Ant. 18,116) – eine Bezeichnung, die ihn von allen Zeitgenossen unterschied. Johannes empfing diesen charakteristischen Titel nicht erst in der christlichen Gemeinde, sondern schon »von der Judenschaft, und zwar wohl in der Zeit der Taufbewegung, selbst ... unter dem endlosen, überall geübten ›Taufen‹ fiel doch des Johannes ›Taufen‹ als ein absonderliches, wesentlich anderes und neues auf, was die Phantasie des Volks frappierte und ihr zur Charakterisierung seiner Eigenart dienlich schien.«[12] Man wird die Taufhandlung als ein Untertauchen in fließendes Wasser verstehen dürfen, das der Täufer Johannes an den Menschen vollzog. Jedenfalls heißt es bei Jesus, dass er im (bzw.: in den) Jordan getauft wurde und anschließend aus dem Wasser heraufkam (Mk 1,9 f.; vgl. Mt 3,6). Dieses Untertauchen durch den Täufer hatte in der Tat keine Parallelen in der damaligen Umwelt. »Tatsächlich hatte bis zum Auftreten des Johannes weder im Judentum noch in dessen Umwelt irgend jemand andere Menschen getauft. Zwar gab es eine Fülle kultischer Reinigungsriten bis hin zum Untertauchen des ganzen Körpers; doch vollzog jeder solche Reinigungsriten ganz eigenständig, ohne Mitwirkung eines Taufenden. Johannes war der allererste, der in solcher Weise verfuhr.«[13] Zu fragen ist natürlich,

12 A. SCHLATTER, Johannes der Täufer, hrsg. von W. Michaelis, Basel 1956, 61.

13 H. STEGEMANN, a. a. O., 302.

wie diese besondere aktive Handlung des Taufenden zu deuten ist. Man hat es so verstehen wollen: »Der Taufende handelte dabei stellvertretend für Gott, wie Priester es üblicherweise im Kultdienst tun, beispielsweise beim gottesdienstlichen Segen.«[14] Die priesterliche Herkunft des Johannes liegt im Bereich des Möglichen (vgl. den Priester Zacharias als Vater des Johannes). Die aktive Rolle beim Taufvorgang als Untertauchen erklärte sich dann aus dem Selbstverständnis des Johannes, ritueller Stellvertreter Gottes zu sein, der im Taufakt den Verzicht auf Ahndung der bisherigen Sünden symbolisch vollzieht. Doch mag diese Interpretation unsicher bleiben, weil die priesterliche Prägung des Denkens des Johannes auf Grund der Quellenlage ungewiss bleibt.

Die besondere Tragweite und Relevanz der Johannestaufe wird dann deutlich, wenn man sie mit der Infragestellung der Abrahamskindschaft Israels in Verbindung bringt, die zu ihrer inneren Voraussetzung gehört. Zur Täuferpredigt gehört ja der Satz (Mt 3,9 par Lk 3,8):

»... kommt nicht auf den Gedanken, bei euch zu sagen:
›Wir haben ja Abraham zum Vater!‹
Denn ich sage euch: Gott kann Abraham aus diesen Steinen Kinder erwecken.«

Diese provokante Aussage bedeutet eine radikale Infragestellung des sichtbaren Gottesvolkes Israel. Angesichts des drohenden Gerichtes genügte es nicht mehr, über den Abrahambund und die Beschneidung zum Gottesvolk zu gehören, um dem eschatologischen Gericht entrinnen zu können. Erst die Taufe zur Vergebung der Sünden ermöglichte die Rettung. Die Frage ist nun, ob und inwieweit hier ein weitergehen-

14 A. a. O., 304.

der Angriff auf bestehende kultische Verhältnisse vorlag, ob also die Kritik des Johannes den Jerusalemer Tempelkult betraf, der traditionellerweise mit seinen Opfern Sündenvergebung vermittelte. Jedenfalls gibt es die pointierte Meinung: »Die Distanz zum Tempelkult wird beim Täufer allein darin deutlich, daß er das Zukunftsheil für alle Juden grundsätzlich allein von der Taufe durch ihn in den Jordan hinein abhängig gemacht und den jährlichen Versöhnungstag des Tempelkultes ... als Einrichtung zur Sündenvergebung für ganz Israel gänzlich mißachtet hat.«[15] Die Sühne und damit verbunden der Erlass der Sündenschuld ist nach dem jüdischen Gesetz eine elementare Aufgabe des Tempelkultes; dies zeigt etwa der Verzweiflungsruf des Rabbi Jehoschua angesichts des zerstörten Heiligtums: »Weh uns, dass das Haus unseres Lebens zugrunde gerichtet ist, die Stätte, die für unsere Sünde Sühne wirkte.«[16] Das heißt aber: Johannes der Täufer stellte den Umkehrwilligen eine Vergebung in Aussicht, die von sühnenden Opfern unabhängig ist. Doch ist diese Erkenntnis nicht überzubewerten. Auch sonst gibt es im frühen Judentum Tendenzen, die Sühne von Sünden nicht an den Opferkult zu binden. Ben Sira kann sagen: »Lodernden Brand löscht Wasser, und Almosen sühnt Sünde.« (3,30). »Vergib deinem Nächsten das Unrecht, so werden, wenn du bittest, auch deine Sünden gelöst.« (28,2). Hier findet sich ein moralischer Begriff von Vergebung, der vom Tempelkult unabhängig zu sein scheint. Im Blick auf Schlussfolgerungen zur Haltung des Johannes wird man also vorsichtig sein müssen. Vielleicht reicht die These: »Von einer Tempelkritik kann ... kaum die Rede sein; Johannes

15 A. a. O., 309.
16 ARN B 8.

repräsentiert... vielmehr ein Judentum, das... nicht die Idee, aber doch die Realität eines funktionierenden Sühnekultes schlicht hinter sich gelassen hat.«[17]

1.6. Der Unterschied der Johannestaufe gegenüber jüdischen Waschungen

Die Besonderheit der Fremdtaufe, vollzogen durch Johannes, wurde schon erwähnt. Trotzdem hat man immer wieder Beziehungen zu anderen jüdischen Waschungsriten herstellen wollen, zum Proselytentauchbad zumal oder zu den Tauchbädern der Essener. Dabei gilt für die zunächst genannten rituellen Waschungen, 1. dass der Israelit sie an sich selbst vollzieht, 2. dass diese Waschungen sich im Leben der Israeliten wiederholen bzw. mit einer gewissen Regelmäßigkeit stattfinden, 3. dass sie kultische Reinheit vermitteln, d.h. die Beseitigung von Unreinheit, die durch die Berührung mit Toten, Aussätzigen, Menstruierenden usw. entstanden ist. Die Berührungen mit der Johannestaufe sind gering; sie beschränken sich auf die Waschung im Wasser zu religiösem Zweck. Mit dem Proselytentauchbad verbindet die Johannestaufe die Einmaligkeit des Vorgangs. Doch ist diese jeweils ganz anders begründet. Die Proselytentaufe geschieht naturgemäß nur deshalb einmal, weil durch sie der heidnische Bewerber in den jüdischen Gemeindeverband Aufnahme findet. Die Taufe durch Johannes erfolgt nur einmal, weil sie ihren Ort im eschatologischen Kontext hat. Sie rettet vor dem kommenden

---

17 F. AVEMARIE, Ist die Johannestaufe ein Ausdruck von Tempelkritik? In: B. EGO/A. LANGE/P. PILHOFER (Hrsg.), Gemeinde ohne Tempel. Community without Temple, WUNT 118, Tübingen 1999, 407.

Zornesgericht. Das Proselytentauchbad hat gar keinen eschatologischen Bezug, sondern will in dieser Weltzeit in die jüdische Gemeinde integrieren. Im Übrigen trägt ein Vergleich der Proselytentaufe mit der Johannestaufe auch deshalb nicht viel aus, weil diese zur Zeit des Johannes wahrscheinlich noch gar nicht praktiziert wurde.

Wichtiger scheint ein Vergleich der Johannestaufe mit den Tauchbädern der Essener zu sein. Doch beschränkt sich die Gemeinsamkeit auf die beiderseitige rituelle Nutzung von Wasser. Ansonsten vollzog jeder Essener selbst, ohne eine Täufergestalt, die jeweiligen Tauchbäder in Hunderten von eigens dafür angelegten Becken. Die Tauchbäder sollten rituell die für eine priesterliche Gemeinschaft notwendige kultische Reinheit zu Stande bringen; sie dienten aber nicht der Sündenvergebung angesichts des eschatologischen Gerichts wie bei Johannes. Den Tauchbädern in Qumran fehlt der für Johannes konstitutive eschatologische Bezug. Deshalb liegt der entscheidende Unterschied darin: Auf Grund der Orientierung am eschatologischen Zornesgericht Gottes war die Taufe des Johannes ein einmaliger, vor dem letzten Gericht bewahrender Akt für die umkehrwilligen Sünder; die Essener aber praktizierten ihre Tauchbäder mehrmals täglich. Es liegt deshalb der Schluss nahe, dass die Johannestaufe ohne rechte Analogien im Judentum ist. Sie ist nicht einfach ableitbar aus vorgegebenen Zusammenhängen; nur der allgemeine Hintergrund ritueller Waschungen verbindet sie mit sonstigen Tauchpraktiken.

1.7. Johannes der Täufer als jüdischer Prophet

Wenn man im Zusammenhang der Bibel von Propheten spricht, denkt man vor allem an die bekannten alttestamentlichen Gestalten wie Jesaja und Jeremia, Amos und Hosea. Dass in der Zeit des Judentums Propheten gewirkt haben, ist weit weniger bekannt. Das trifft sich mit einer späten rabbinischen Tradition, wonach die Prophetie mit Haggai, Sacharja und Maleachi erloschen sei (TSota 13,2–4) und erst in der Endzeit wieder erscheinen werde. Doch sind gerade in Krisenzeiten des Judentums, etwa im ersten nachchristlichen Jahrhundert, eine Vielzahl von Propheten in Palästina aufgetreten, wie besonders der jüdische Historiker Josephus berichtet, der sie allerdings meistens als Betrüger und Gaukler abqualifiziert. Er berichtet auch von Johannes dem Täufer, den er allerdings nur als vortrefflichen Mann und Tugendlehrer beschreibt, nicht als Propheten (Ant. 18,116–119). Entsprechend seiner Gewohnheit, jüdische Gruppen in Analogie zu hellenistischen Philosophenschulen darzustellen, zeichnet er Johannes als »Philosophen«, der die beiden Grundtugenden lehrt: Gerechtigkeit gegeneinander und Frömmigkeit gegenüber Gott. Die dominant eschatologischen Züge der Prophetie des Johannes verschweigt er wohl bewusst, da dies den römischen Lesern seines Werkes verdächtig sein musste, die darin nur Volksverführung und Aufstachelung zum Aufstand gegen die Römer sehen konnten. Dass solche Befürchtungen eine Rolle spielten, zeigt noch der Bericht des Josephus, wonach Herodes Antipas Johannes unschädlich machen ließ, weil er seinen Einfluss beim Volk beargwöhnte.

In den verschiedenen neutestamentlichen Traditionsschichten gilt Johannes, der Sohn des Priesters Zacharias, eindeutig als Prophet. Das wohl authentische Jesuswort Mt 11,7b–9 par Lk 7,24b–26, das die Spruchquelle gut erhalten hat, setzt ein im Volk verbreitetes entsprechendes Bild des Johannes voraus, jedoch mit dem Ziel, es zu überbieten: Johannes ist mehr als ein Prophet. Der überlieferte Text bedarf allerdings einer genaueren Untersuchung, um seine Intention präzise zu bestimmen. Er lautet:

»Warum seid ihr in die Wüste hinausgezogen?
  Um ein Schilfrohr zu sehen, das im Winde schwankt?
Oder warum seid ihr hinausgezogen?
  Um einen Menschen zu sehen in weichen Kleidern?...
Oder warum seid ihr hinausgezogen?
  Um einen Propheten zu sehen?
Ja, ich sage euch, sogar mehr als einen Propheten!«

Der Text ist ein zusammengehöriges mehrgliedriges Jesuswort, das durch einen langen emphatischen Schlusssatz »Ja, ich sage euch...« abgeschlossen wird. Es besteht aus drei parallelen rhetorischen Fragen, wobei die beiden ersten mit »Nein« beantwortet werden sollen, die letzte dagegen mit »Ja!«. Die ersten Fragen zielen darauf ab, das Einverständnis der Hörer zu gewinnen: »Ihr seid doch nicht etwa in die Wüste hinausgezogen, um ein im Winde schwankendes Rohr zu sehen?« Die Wüste entlang des Jordanflusses bot Schilfrohr in jeder Menge; die Leute sind schließlich nicht wegen einer banalen Sache ausgezogen. Auch nicht wegen Menschen in weichen Kleidern, d.h. Höflingen, die sich dort nicht aufhalten.

Dabei sind die beiden ersten Fragen von hintergründiger Ironie. Beide Bilder scheinen versteckte Anspielungen auf den Gegenspieler des Täufers, Herodes Antipas, zu sein. Das Stichwort »Schilfrohr« dürfte deshalb auf ihn hindeuten, weil er Münzen mit dem persönlichen Emblem eines Schilfrohrs prägen ließ. Bei dem »Menschen in weichen Kleidern« ist eine

Anspielung auf ihn eo ipso möglich. Er wäre letztlich das »schwankende Rohr«, eine Bezeichnung, welche auf seine anpassungsbereite, schwankende politische Haltung zielen würde. Ist dies richtig, würden die

Abb. 4: Johannes als Rufer in der Wüste,
Linolschnitt von Daniel Greiner (1872–1917)

Hörer der Fragen Jesu diese mit dem Gedanken beantworten: »Natürlich sind wir nicht ausgezogen, Herodes Antipas, das schwankende Rohr, aufzusuchen, sondern seinen prophetischen Gegenspieler Johannes!« Es ergibt sich ein deutlicher Kontrast: »Auf der einen Seite steht der sich klug anpassende Politiker, auf der anderen der kompromißlos seine Botschaft ausrichtende Prophet. Auf der einen Seite der Luxus einer kleinen hellenistischen Machtelite . . ., auf der anderen Seite der asketisch lebende Wüstenprediger mit betont einfacher und archaischer Kleidung.«[18] Von ihm sagt Jesus deutlich anerkennend: Johannes ist mehr als ein Prophet. Jesus nimmt damit eine Einschätzung der Zuhörer positiv auf, um sie sogleich zu überbieten und zu korrigieren. Doch was heißt: Mehr als ein Prophet? Jesus grenzt sich hier von seinen Zuhörern ab, ohne allerdings eine eindeutigere Formel dafür zu liefern, wer Johannes eigentlich sei. Möglicherweise will dieses Urteil »mehr als ein Prophet« betonen, dass einem, der mehr als ein Prophet ist, ein besonderer Gehorsam gebührt. Auffallend bleibt aber die unklare, ein wenig rätselhafte Charakterisierung durch Jesus, die bereits im folgenden, erst auf die Spruchquelle zurückgehenden Text eine von Späteren als notwendig empfundene Präzisierung erfährt. In Mt 11,10 par Lk 7,27 wird Johannes mit einem Zitat aus Ex 23,20 und Mal 3,1 näher bestimmt: »Dieser ist es, über den geschrieben steht: Siehe, ich sende meinen Boten vor dir her, der deinen Weg vor dir bereiten wird.« Schon im Zusatz Mal 3,23 f. und bei Sir 48,10 wird dieser Bote mit dem Propheten Elija identifiziert – eine Interpretation, die Matthäus übernimmt und in 11,14 ausdrück-

---

18 G. THEISSEN, Lokalkolorit und Zeitgeschichte in den Evangelien, NTOA 8, Freiburg(CH)/Göttingen 1989, 43.

lich macht: »Es ist Elija, der kommen soll.« Dies aber ist eine Deutung, die in dem fraglichen Wort Jesu nicht erkennbar ist. Unberührt bleibt davon das Interesse des heutigen Betrachters, wie dieses Urteil des authentischen Jesuswortes »Johannes ist mehr als ein Prophet« zu verstehen ist. Es provoziert jedenfalls zu der Frage, in welchem Sinne, möglicherweise die Kategorie »Prophet« überbietend, Johannes eben dieses Prophetsein darstellt. Der Volksmeinung nach galt Johannes damals wirklich als Prophet (Mk 11,32; Mt 14,5). Es legt sich jedenfalls nahe, das Urteil »mehr als ein Prophet« als jüdische, aus dem Munde Jesu stammende Wertung anzusehen, nicht aber als nachösterliche Vereinnahmung des Täufers in christologischer Hinsicht: Johannes sei deswegen »mehr als ein Prophet«, weil er die Funktion ausübte, Jesu Vorläufer zu sein.

Das antike Judentum der Zeitenwende kannte eine Mehrzahl an prophetischen Gestalten, von denen hier die eschatologischen Propheten Erwähnung finden sollen, die sich durch Wundertaten in Szene setzten und dies in typologischer Aufnahme der Wüstenzeit Israels vollzogen haben. Wie Gott in Israels Vergangenheit Wunder vollbrachte, beim Exodus aus Ägypten oder der Landnahme, und damit Befreiung und Rettung bewirkte, so wollten diese jüdischen Propheten durch typologisch entsprechende Wunder jetzt Gleiches schaffen und die Heilszeit herbeiführen. Eine kurze Übersicht wird dabei sogleich zeigen, dass Johannes sich grundlegend von ihnen unterschied; er kennt keine Wundertat, die in irgendeiner Weise die Heilszeit einleiten könnte.

Der unter dem Prokurator Fadus auftretende Theudas (vgl. Apg 5,36) beanspruchte, ein Prophet zu sein. Er behauptete, er könnte durch ein Machtwort die Fluten des Jordan teilen und so das Jordanwunder beim Einzug

Israels in das Gelobte Land wiederholen (Josephus, Ant. 20,97 f.). Ein ägyptischer Jude, der sich gleichfalls für einen Propheten ausgab, versprach dem Volk in Entsprechung der Eroberung Jerichos (Jos 6), dass auf sein Geheiß die Mauern Jerusalems einstürzen würden (Josephus, Ant. 20,169 ff.). In die gleiche Kategorie gehört ein Prophet unter dem Prokurator Festus, der den Menschen »Befreiung von allem Elend« versprach, wenn sie ihm in die Wüste folgten (Josephus, Ant. 20,188). Schließlich sei noch der Weber Jonathan erwähnt, der arme Leute mit der Ankündigung, er werde ihnen »Wunder und Erscheinungen« zeigen, in die Wüste hinausführte (Josephus, Bell. 7,438 ff.). Alle diese Personen sind Heilspropheten, die durch eine Wundertat Befreiung und Rettung versprachen, was sie grundlegend von Johannes dem Täufer trennt, der eben gerade durch seine Umkehr- und Gerichtsprophetie auffiel. Man wird deshalb beim Vergleich mit Johannes eher an den prophetischen Ekstatiker Jesus ben Chananja (Josephus, Bell. 6,301 ff.) erinnern, der über lange Zeit seine Weherufe über Jerusalem, den Tempel und das ganze Volk aussprach. Gleichwohl sind auch hier die Differenzen erheblich, insofern die über Jahre wiederholten monotonen Weherufe nur unbedingtes Gericht implizierten und keinerlei Rettungsmöglichkeit für Israel vorsahen.

Die Frage ist immer noch offen, wie denn Johannes näherhin als Prophet zu begreifen sei. Man hat nun versucht, ihn vom Typus her als Charismatiker zu fassen, der als letzter, von Gott gesandter Prophet vor dem eschatologischen Ende auftrat und mittlerische Funktionen beanspruchte, die im Gegensatz zu Israels Heilsanspruch standen.[19] Die Umkehrpredigt des

---

19 J. Becker, Johannes der Täufer und Jesus von Nazareth, BSt 63, Neukirchen-Vluyn 1972, 60.

Johannes ist ja als Gottes letzter Ruf an Israel zu verstehen, seine »Taufe der Umkehr« als letzte Rettungsmöglichkeit vor dem Gericht. Beides zeugt von einem äußerst gesteigerten prophetischen Selbstbewusstsein, insofern es sich am Verhalten des Menschen gegenüber diesem Wirken des Johannes entscheidet, ob es dem Menschen gelingt, dem kommenden Zorn zu entfliehen! Gesteigertes Selbstbewusstsein des Johannes zeigt sich auch daran, dass Johannes in Abgrenzung von den alttestamentlichen Propheten in der Ich-Form von sich selbst redet, das Ich sich also nicht wie beim Botenspruch eines Jesaja oder Jeremia auf Gott bezieht. Johannes sagt ja: »... *ich* sage euch: Gott kann aus diesen Steinen Kinder dem Abraham erwecken.« – »*Ich* taufe euch mit Wasser...« Das entscheidende Problem ist dabei die dem Täufer zugesprochene Mittlerrolle, die ihn – so eine bekannte These – mit dem »Lehrer der Gerechtigkeit«, dem Gründer der Qumrangemeinde, verbindet. Diese Mittlerrolle bringt es mit sich, »daß beide nicht nur die Bezeichnung Prophet erhalten, bzw. als Propheten gekennzeichnet werden, sondern noch mit einer anderen Charakteristik (»Lehrer der Gerechtigkeit«, »Täufer«) bedacht werden, die gerade dieses mittlerische Proprium angibt.«[20] Wichtig ist daran in der Tat, dass Johannes eben nicht nur als Wortprophet eine bestimmte Verkündigung auszurichten hat, sondern auch durch eine bestimmte Handlung, eben die Taufe, tätig ist, weshalb man ihn damals, von anderen unterscheidend, als den »Täufer« bezeichnete. Ist die Taufe des Johannes geradezu als sakramental zu verstehen bzw. als wirksame Symbolhandlung dafür zu begreifen, dass Gott die Sünden vergeben würde,

---

20 A. a. O., 61 f.

weshalb der Sünder dem Feuergericht entrinnen könnte, dann ist der Begriff des Mittlers für Johannes sachgemäß. Aber auch ohne diese Charakterisierung ist die Rolle Johannes des Täufers bedeutsam genug. Er ist in der Tat »mehr als ein Prophet« so, wie das Jesuswort Mt 11,9 es ausdrückt.

1.8. Johannes der Täufer und Jesus von Nazaret. Ein Vergleich

1.8.1. Die Taufe Jesu durch Johannes

Man darf mit ziemlicher Sicherheit annehmen: Ohne die Taufe Jesu durch Johannes wäre Johannes der Täufer längst vergessen, nur eine kurz erwähnte, vom Historiker Josephus aufgezeichnete Nebenfigur der jüdischen Geschichte. Die Historie wäre sehr schnell über Johannes hinweggegangen, wenn Jesus ihm nicht begegnet wäre und sich von ihm hätte taufen lassen: »Und es geschah in jenen Tagen, da kam Jesus von Nazaret in Galiläa und wurde im Jordan von Johannes getauft.« (Mk 1,9). Dabei ist die Taufe Jesu wegen ihrer Unerfindlichkeit eines der sichersten historischen Ereignisse. Denn kein frühchristlicher Erzähler wäre aus eigenem Antrieb auf die Idee gekommen, Jesus, den Sohn Gottes, mit Umkehr und Sündenvergebung in Verbindung zu bringen. Die biblischen Texte, die die Taufgeschichte Jesu überliefern, lassen noch deutlich erkennen, welche Schwierigkeiten sie mit der Unterordnung Jesu unter den Täufer hatten, die die Taufgeschichte Mk 1,9–11 voraussetzt. Die Erinnerung an die Taufe Jesu bereitete der christlichen Überlieferung erkennbare Verlegenheit auch deshalb, weil neben der scheinbaren Überlegenheit des Täufers über Jesus die mit der Taufe verbundene Sündenvergebung auf ein

Sündenbewusstsein schließen ließ. Die zunehmende apologetische Überarbeitung der Tauferzählung macht demgemäß sichtbar, dass die Taufe Jesu durch Johannes historisch sicher ist:[21]

Mt 3,13–17 schildert es so: Jesus kommt zu Johannes, um sich taufen zu lassen. Johannes lehnt es zunächst ab: »Ich habe nötig, von dir getauft zu werden, und du kommst zu mir?« Wenn Jesus sich dennoch taufen lässt, »damit alle Gerechtigkeit erfüllt werde«, ist gegenüber christlichen Zweifeln gewährleistet, dass Jesus die Taufe als Gerechter empfängt, nicht als Sünder.

Ganz eigene Wege geht das Johannesevangelium. Die Taufe Jesu wird gar nicht mehr erzählt. Der Täufer Johannes hat nur mehr die Funktion, Jesus als den zu identifizieren, der mit heiligem Geist tauft (1,32–34). Das relativ späte Ebionäerevangelium (Fragment 3), das die synoptischen Evangelien bereits voraussetzt, geht mit seiner apologetischen Tendenz viel weiter. Als Johannes dort die Himmelsstimme gehört hat, die Jesus als geliebten Sohn Gottes prädiziert, fällt er vor Jesus nieder und spricht: »Ich bitte dich, Herr, taufe du mich.« Mit dieser Reaktion des Johannes räumt der Text jedes Bedenken aus, wer der Überlegene ist.

Ob nun bereits im literarisch ältesten Taufbericht apologetische Züge wirksam sind (Mk 1,9–11), insofern die Himmelsstimme Jesus zum geliebten Sohn Gottes erklärt, der deshalb mehr ist als der Täufer, sei dahingestellt. Was aber die apologetische Tendenz zu verwischen oder zu verdrängen sucht, wird gerade deshalb historisch sein: Jesus anerkannte den Täufer eine Zeitlang als den von Gott gesandten Propheten der letzten Stunde und ließ sich von ihm zur Ver-

21 Vgl. G. Theissen/A. Merz, Der historische Jesus, Göttingen 1996, 193.

gebung der Sünden taufen. Wie viele andere in Israel wollte er tätige Umkehr praktizieren, um dem drohenden Gericht zu entfliehen.[22] In der Tat gibt es keinen ernsthaften Grund zu leugnen, dass Jesus aus derselben Absicht heraus zu Johannes kam wie die anderen Taufwilligen auch. Eine weitere Frage aber ist, wie intensiv das Verhältnis Jesu zum Täufer gewesen ist. Dies ist das entscheidendere Problem, weil eine längere Zugehörigkeit Jesu zum Anhängerkreis des Johannes die inhaltliche Verwandtschaft der Botschaft des Täufers mit der Verkündigung Jesu erklären würde.

Man hat Jesus als »Täuferschüler auf Zeit« verstehen wollen.[23] Dafür spricht in der Tat einiges, auch wenn die literarischen Quellen ein widersprüchliches Bild abgeben. Der älteste Evangelist, Markus, lässt Jesus nur für ganz kurze Zeit mit Johannes zusammentreffen, nämlich für den Akt der Taufe, um ihn alsbald wieder zu verlassen (Mk 1,12 f.). Jesu Tätigkeit ist zeitlich und räumlich säuberlich von der des Täufers getrennt, insofern Jesus erst nach der Gefangennahme des Johannes mit seiner Verkündigung in Galiläa beginnt (Mk 1,14 ff.). Auffallend anders gestaltet sich die Darstellung des Johannesevangeliums. Obwohl es der christologischen Tendenz dieses Evangeliums gar nicht entspricht, die Johannes auf eine Zeugen- und Hinweisfunktion auf Jesus als den Sohn Gottes beschränkt, finden sich hier Aussagen über Johannes und Jesus, die beide zeitgleich und parallel zueinander tätig werden lassen: Jesus selbst tauft danach im judäischen Land, Johannes in Ainon nahe bei Salim (Joh 3,22–30).

---

22 A. a. O., 193; J. Becker, Jesus von Nazaret, 61 f.; P. W. Hollenbach, The Conversion of Jesus. From Jesus the Baptizer to Jesus the Healer, ANRW II 25.1, 1982, 201.

23 J. Becker, Jesus von Nazaret, 62.

Dass Jesus parallel zu Johannes dem Täufer getauft habe, muss erstaunen, da es dem sonstigen Zeugnis des NT widerspricht. Der Text des Johannesevangeliums (oder ein späterer Bearbeiter) will diese Notiz auch sehr bald korrigieren. Ein wenig spät – nämlich erst in Joh 4,2 – fügt ein parenthetischer Einschub nach einer erneuten Erwähnung der Tauftätigkeit Jesu die Bemerkung ein: »... freilich taufte nicht Jesus selbst, sondern seine Jünger.«

Eine Tauftätigkeit Jesu wird man in der Tat mit großer Skepsis betrachten müssen, weil die synoptischen Evangelien davon gänzlich schweigen und weil eine Taufe durch Jesus, die dann ebenfalls der letzten Rettungsmöglichkeit vor dem Zornesgericht Gottes dienen sollte (wie bei Johannes), zu seiner Überzeugung von der bereits anbrechenden Heilszeit der

Abb. 5: Taufe Jesu durch Johannes in Gegenwart zweier Engel, Egbert-Codex (10. Jh.)

Gottesherrschaft gar nicht passt. Wenn das Johannesevangelium dennoch von einer parallelen Tauftätigkeit des Johannes und Jesus erzählt, so könnte das einen einfachen Grund haben. Diese parallele Tauftätigkeit beider Gestalten bot dem Erzähler die Möglichkeit, von dem größeren Zulauf und Erfolg der Tauftätigkeit Jesu zu berichten (Joh 3,26). Dieser Sachverhalt konnte die eigentliche Erzählabsicht von Joh 3,22–30 vorbereiten, wonach Jesus grundsätzlich dem Johannes vorzuordnen sei. Die Schlusssentenz formuliert ja: »Jener muss wachsen, ich aber abnehmen« (3,30).

Auch wenn eine Tauftätigkeit Jesu historisch unwahrscheinlich sein dürfte, so zeigt doch die Tatsache, dass Jesus sich der Johannestaufe unterzog, dass er eine Zeit lang zur Anhängerschaft des Täufers gehörte und dessen besondere Naheschatologie akzeptierte. Nur so lässt sich die inhaltliche Verwandschaft dieser beiden jüdischen Propheten erklären.

1.8.2. Inhaltliche Gemeinsamkeiten zwischen Johannes dem Täufer und Jesus von Nazaret: Die Gerichtspredigt

Man könnte sich recht kurz fassen bei dem angezeigten Thema und sich sofort der Frage der Besonderheit Jesu gegenüber dem Täufer zuwenden, wenn das folgende Urteil in seiner Einseitigkeit recht behielte: »Denn so vieles Jesus mit Johannes gemeinsam hat und so gewiß er im Täufer das Zwischenglied zwischen altem und neuem Äon sah – es besteht ein grundliegender Unterschied zwischen dem Täufer und ihm ...: Johannes ist *Asket*, Jesus ist *weltoffen*. Johannes verkündet: das *Gericht* steht vor der Tür, kehrt um! Jesus verkündet: die *Königsherrschaft Gottes* ist im Anbruch ... Der Täufer bleibt im Rahmen der *Erwartung*, Jesus beansprucht, die *Erfüllung* zu bringen. Der Täufer gehört noch in den Bereich des *Gesetzes*, mit Jesus beginnt das *Evangelium* ... Das ist die Kluft, die beide Männer bei aller Verwandtschaft trennte ... Diese Kluft schließt es aus, in der Wirksamkeit des Täufers den entscheidenden Anstoß für Jesu Auftreten zu erblicken.«[24] Trotz des Zugeständnisses des Autors, dass es bei beiden Gestalten Gemeinsamkeiten gibt, wird man den Eindruck nicht los, dass das apologetische Interesse, beide möglichst stark zu trennen, um Jesu Besonderheit zu steigern, leitend ist. Man wird hier differenzierter urteilen müssen. Immerhin wird richtig sein, dass nicht das Auftreten des Täufers den eigentlichen Anstoß für Jesu Wirksamkeit abgibt, sondern eine davon gesonderte Erfahrung zur Verkündigung des Jesus von Nazaret geführt hat. Dabei wird gelten müssen, dass die Bußbewegung des Täufers den Menschen Jesus von Nazaret zunächst einmal aus seiner gewohnten Heimat Galiläa in die Wüste am Jordan gezogen hat. Der Anstoß zur zentralen eigenen Verkündigung Jesu, seine Gottesreichbotschaft, ist aber danach anzusetzen. Es bestehen jedoch Gemeinsamkeiten in der Verkündigung, die auch die Botschaft Jesu bleibend prägen und die der Begriff »Kluft« nur verschleiert.

Man kann vom täuferischen Erbe bei Jesus reden. Auch für Jesus ist Israel als Ganzes vom Gericht bedroht. Auch für ihn gibt es nicht mehr die Möglichkeit, sich auf Israels Erwählung durch Gott zu berufen und so dem Gericht zu entrinnen. Die Warnung des Täufers: »Und kommt nicht auf den Gedanken, bei euch zu sagen: Wir haben ja Abraham zum Vater« hat bei Jesus durchaus ihre Entsprechung, wenn er auf

---

24 J. Jeremias, Neutestamentliche Theologie. 1. Teil: Die Verkündigung Jesu, Gütersloh 1971, 56.

seine Weise Israels Heilsvorzüge zurückweist und angesichts der Ablehnung seiner Botschaft Israel das eschatologische Gericht ansagt: Wer das Heil verwirft, verfällt dem Gericht. Ja, Jesu Gerichtsankündigung klingt noch provokanter, wenn er diese vor dem Hintergrund einer Verheißung für die Völker formuliert (Mt 8,11 f. par Lk 13,28 f.):

»Viele werden kommen von Osten und Westen
und sich mit Abraham, Isaak und Jakob zu Tisch legen
im Reich Gottes,
die Söhne des Reiches aber werden hinausgeworfen werden;
dort wird Heulen und Zähneknirschen sein.«

Dieses Wort ist eine harte Warnung für Israel, die »Söhne des Reiches«; sie will die Zuhörer mit letzter Anstrengung aufrütteln und zur Umkehr bewegen. Ähnlich wie beim Täufer ist Israels Heilsgewissheit zurückgewiesen, ja das Erbe der Erzväter den Völkern zugesprochen. Das Provokante des Gerichtswortes, das »das Verdienst der Väter« gerade nicht Israel zubilligt, erhellt in besonderer Weise, wenn man sich die Normalüberzeugung des frommen Israels vor Augen führt, wie es der jüdische Historiker Josephus dem biblischen Nehemia in den Mund legt (Ant. 11,169):

»Männer von Judäa, ihr wisst, dass Gott uns treu bleibt, eingedenk unserer Väter Abraham, Isaak und Jakob, und uns um ihrer Gerechtigkeit willen seine ewige Fürsorge nicht entzieht.«

Gerade damit aber will Jesus, wie vorher schon Johannes der Täufer, seine Zeitgenossen eindringlich warnen. Gott könnte seine Fürsorge und sein Wohlwollen Israel entziehen und es dem Gericht überantworten. Damit stimmt Jesus in der »anthropologischen« Prämisse seiner Verkündigung mit Johannes überein, wonach das vorfindliche Israel vom Gericht Gottes bedroht ist.[25] Ein Rückgriff und eine Berufung auf ein früheres Erwählungshandeln Gottes können jetzt nicht mehr helfen. Wenn Jesu eigene Botschaft dennoch von einer neuen Ansage von Gottes heilvoller Nähe geprägt ist, so doch nur vor dem Hintergrund der Überzeugung, dass Israel seine göttlichen Bundeszusagen verbraucht hat. Erhellend ist hier das Doppelwort von den niedergemetzelten Galiläern und den vom Turm erschlagenen Jerusalemern Lk 13,1–5:[26]

»Jene Galiläer, deren Blut Pilatus mit dem ihrer Opfertiere mischte, glaubt ihr, sie seien größere Sünder gewesen als alle übrigen Galiläer?
Nein, sage ich euch:
Sondern wenn ihr nicht umkehrt,
dann werdet ihr alle genauso umkommen.
Oder jene achtzehn, auf die der Turm beim Schiloach fiel und sie tötete,
glaubt ihr, sie seien größere Sünder gewesen als alle übrigen Menschen, die in Jerusalem wohnen?
Nein, sage ich euch:
Sondern wenn ihr nicht umkehrt, werdet ihr alle ebenso umkommen.«

Das erste Beispiel erwähnt den Mord an einigen Galiläern, die wohl im Tempel, während man die Opfertiere schlachtete, von Pilatus niedergemacht wurden. Das zweite Beispiel bezieht sich auf den Einsturz des Turmes beim Teich Schiloach, der 18 Menschen unter sich begrub. Offensichtlich hatten beide Ereignisse viele Zeitgenossen Jesu erregt und die Frage provoziert, ob es sich bei den so Umgekommenen um besondere Sünder gehandelt haben

25 Vgl. H. MERKLEIN, Jesu Botschaft von der Gottesherrschaft, SBS 111, Stuttgart [3]1989, 34 f.

26 Rekonstruktion und Übersetzung des Textes nach M. REISER, Die Gerichtspredigt Jesu, 233.

müsse, weil ihr Schicksal die Folge besonderer Schuld und Sünde gewesen sei (vgl. Ijob 4,7; 22,4 f.; Sir 38,9 f.; Joh 9,1 f.). Jesus weist solche Überlegungen zurück und kehrt das Schicksal der Unglücklichen in eine Drohung gegen alle um:

»Nein, sage ich euch: Sondern wenn ihr nicht umkehrt, werdet ihr alle genauso umkommen.«

Offensichtlich hält Jesus es für müßig und abwegig, darüber zu spekulieren, wie groß die Sünde eines Einzelnen in Israel ist. Die Frage der begangenen Sünden, ihre Zahl oder Schwere, ist angesichts der Gerichtssituation ganz Israels bedeutungslos. Ganz Israel ist mit dem Zorngericht Gottes konfrontiert. Ihm bleibt nur eine letzte Chance: die Umkehr. Jesus teilt damit die Überzeugung Johannes des Täufers, dass allen in Israel das Gericht droht, wenn sie nicht umkehren.

Man hat nun einen Unterschied zwischen Jesus und Johannes darin sehen wollen, dass bei Jesus Umkehr und Gericht im konditionalen Verhältnis stehen (»... wenn ihr nicht umkehrt, werdet ihr alle ... umkommen«), bei Johannes aber das Gericht apodiktisch angesagt sei.[27] Der Täufer geht danach von der Gewissheit aus: »Das Gericht ist unabänderlich, darum ...« Doch ist dies eine Verzeichnung, die die Gerichtspredigt des Täufers einseitig radikalisiert. Dieser redet nicht nur in der Form der Anklage: »Schlangenbrut, wer hat euch beigebracht, dem kommenden Zorn zu entfliehen?«, sondern formuliert eine Umkehrmahnung, die nur dann einen Sinn hat, wenn der Sprecher wenigstens mit der Möglichkeit der Umkehr rechnet. Johannes spricht auch keine endgül-

---

27 H. Merklein, Jesu Botschaft von der Gottesherrschaft, 36.

tige Gerichtsankündigung aus, sondern hat eine bedingte Gerichtsdrohung im Sinn, die lediglich dann unheilvoll greift, wenn der Mensch keine gute Frucht bringt, also nicht umkehrt. Das Angebot der Taufe schließt gleichfalls eine allerdings letztmögliche Heilsmöglichkeit ein, wenn sie denn auf die Vergebung der Sünden zielt. Es macht also wenig Sinn, in der Ernsthaftigkeit der Gerichtsdrohung einen Unterschied zwischen Johannes und Jesus zu konstruieren. Davor sollte auch der Weheruf über Chorazin und Betsaida warnen, galiläische Orte, in denen Jesus offensichtlich gewirkt hat, die ihn und seine Botschaft aber abgelehnt haben (Lk 10,13–15). In Übereinstimmung mit der Täuferbotschaft, nämlich ohne Bezug zur heilsgeschichtlichen Erwählung Israels, erfahren diese Orte, die sich Jesus verweigert haben, eine provozierende Gerichtsdrohung. Denn Jesus behauptet, dass heidnische Städte wie Tyrus und Sidon, wären Jesu Wundertaten dort geschehen wie in Chorazin und Betsaida, längst Buße getan hätten. Ja, er steigert noch die Provokation durch die Schlussfolgerung, dass es den heidnischen Städten erträglicher gehen werde am Tage des Gerichts als den jüdischen. Alle in Israel, die auf seine Botschaft und seine Machttaten hin nicht zur Umkehr bereit sind, häufen danach größere Schuld auf sich als die Heiden und haben eine größere Strafe zu erwarten am Jüngsten Tag.

Trotz starker Gemeinsamkeit in der Gerichtspredigt bei Johannes und Jesus ist am Ende doch das Unterscheidende zu betonen, das auch biographisch in der Trennung Jesu vom Täufer festzumachen ist. Denn wenn Jesus seine eigene Botschaft nicht mehr in der Wüste verkündete wie Johannes, sondern im fruchtbaren Galiläa, so hat dieser Ortswechsel durchaus grundsätzliche Bedeutung. Jesus hat sich vom Täufer und seiner Botschaft gelöst, als er die für ihn grundlegende Erfahrung eines ganz neuen Heilshandeln Gottes machte, die Johannes nicht kannte. Jesus kam zur Überzeugung, dass Gott überraschenderweise einen neuen Akt der Erwählung für Israel setzen würde, die in Jesu Wirken anbrechende Gottesherrschaft. Der Umkehrruf Jesu, der immerhin in drei seiner Worte authentisch belegt ist (Lk 13,1–5; 10,13; 11,32), verliert durch die für ihn charakteristische Heilsansage nichts von seiner gerichtsbezogenen Ernsthaftigkeit. Umkehr ist aber nicht mehr nur ein Ausbrechen aus dem auch von Jesus nicht bezweifelten Zusammenhang von Sünde und Gericht, sondern Annahme des eschatologischen Erwählungshandelns Gottes. Das Gericht ist für Jesus damit Kehrseite des Heils, Folge des zurückgewiesenen Angebots der Gottesherrschaft und ein Rückfall aus der sich abzeichnenden Heilswende in die Israel dann allein verbleibende Möglichkeit des Gerichts. Wo Jesu Botschaft auf Ablehnung stieß, musste auch Jesus auf die Kehrseite der Medaille, das Gericht, verweisen.

1.8.3. Die neue Heilsansage Jesu von Nazaret

Jesus hat sich nach einiger Zeit von Johannes dem Täufer getrennt und ist aus der Wüste in seine Heimat Galiläa zurückgekehrt, aus der er gekommen war. Mit dieser räumlichen Wende ist aller Wahrscheinlichkeit auch eine Bewusstseinswende verbunden, die ihn die jetzt schon anbrechende Gottesherrschaft verkünden lässt (Lk 11,20):

»Wenn ich mit dem Finger Gottes die Dämonen austreibe, dann
(zeigt sich daran, dass)
die Gottesherrschaft zu euch gelangt ist.«

Für Jesu Wirken sind Dämonenaustreibungen kennzeichnend. Was aber besonders bedeutsam erscheint, ist seine Überzeugung, dass in seinen Exorzismen Gott selbst handelt und die Gottesherrschaft anbricht. Die Frage ist nur, auf welchem Wege er zu dieser Erkenntnis gekommen ist. Denn eines ist sicher: Nirgends sonst in Jesu Umwelt ist jemand auf den Gedanken gekommen, dass Dämonenaustreibungen, Heilungen von Besessenen also, eschatologische Bedeutung haben und den Anbruch der Heilswende markieren. Man kann nun zu Recht vermuten, dass Jesu Wundercharisma, seine Fähigkeit also, Machttaten zu vollbringen wie Exorzismen und Krankenheilungen – eine Fähigkeit, die ihn vom Täufer unterschied – dass diese ihn auszeichnende Begabung ihm die Gewissheit vermittelt oder ihn darin bestärkt hat, dass der Satan als Urheber des Übels überwunden ist und die Heilszeit beginnt. Wichtig ist dabei die Vision vom Satanssturz. Sie wird in diesem Zusammenhang den entscheidenden Anstoß dafür gegeben haben, das schon gegenwärtige Geschehen der Gottesherrschaft verkünden zu können. Jesus berichtet (Lk 10,18):

»Ich sah den Satan wie einen Blitz vom Himmel fallen.«

Gemeint ist: Der Satan als Dämonenbeherrscher ist von Gott aus seiner bisherigen Machtstellung gestürzt; Gott hat den »Starken« gebunden und somit entmachtet (Mk 3,27). Auf Grund dieser visionär vermittelten Einsicht kann Jesus die in der Tat neue Überzeugung verkünden: Wenn er in der Kraft Gottes Dämonen aus Besessenen austreibt, dann zeigt sich daran, dass Gott seine heilbringende Herrschaft angetreten hat und des Satans Macht gebrochen ist.

Doch nicht nur mit Blick auf seine Exorzismen hat Jesus den Anbruch der Heilswende verkündet, sondern auch und gerade in Gottes neuer Zuwendung zu den Sündern und Verlorenen in Israel. Davon zeugen z. B. seine Gleichnisse vom Verlorenen in Lk 15. In der demonstrativ praktizierten Tischgemeinschaft Jesu mit Zöllnern und Sündern vollzieht sich zeichenhaft das eschatologische Erwählungshandeln Gottes, wird also jene Güte ganz neu sichtbar, mit der Gott dem ganzen Israel begegnen will. Wenn Jesus dem vom Gericht bedrohten Israel die Gottesherrschaft verheißt, bedeutet dies als bereits gegenwärtiges Geschehen, dass die Schuldvergangenheit Israels getilgt ist. Doch muss Israel das Angebot Gottes auch annehmen.

Es kann in diesem Zusammenhang nur darum gehen, den neuen eschatologischen Ansatz in Jesu Botschaft kurz zu skizzieren, um aufzuzeigen, inwiefern sich der bedeutsamste »Schüler« des Johannes von seinem Lehrer unterscheidet. Bei unserer Darstellung ist also nicht Jesus der eigentliche Gegenstand des Interesses, sondern natürlich der Täufer, dessen historische Konturen sich aber um so anschaulicher abzeichnen, je schärfer wir ihn mit seinem wichtigsten Anhänger vergleichen.

Johannes der Täufer verkündete (Mt 3,10; Lk 3,9): »Schon ist die Axt an die Wurzel der Bäume gelegt.« Dieses Bildwort deutet an, dass Gott die letzten Vorbereitungen für das Vernichtungsgericht getroffen hat. Auch Jesu Vision vom Satanssturz besagt, dass bei Gott schon etwas geschehen ist, was die Gegenwart betrifft. Was Jesus aber vom Täufer trennt, ist seine Überzeugung, dass das Ende nicht nur als nah erwartet werden muss, da die Vorbereitungen dafür quasi abgeschlossen sind, sondern dass im Satanssturz ein eschatologisches Ereignis bereits stattgefunden hat. Seitdem kann die Macht der Gottesherrschaft in Jesu Wirken als gegenwärtig erfahren werden. Wichtiger noch: Bei Johannes dem Täufer tauchen Heil und Rettung vor dem kommenden Zorn nur als letzte *Möglichkeit* auf, die Israel in der Annahme der Umkehrtaufe ergreifen soll; die Realisierung des Heils bleibt der Zukunft vorbehalten. Es fehlt jede konkrete Beschreibung desselben. Bei Jesus dagegen hat Gott in einem neuen Erwählungshandeln gegenüber Israel die Heilswende bereits eingeleitet, was sich in der Gegenwart in der Zuwendung zu Zöllnern und Sündern zeichenhaft realisiert. Im Bild gesprochen: Johannes der Täufer steht noch im Warteraum der Zukunft, Jesus hat die Tür zur Zukunft bereits geöffnet. Da es bei Jesus um den Gott geht, der in seiner zuvorkommenden Güte jetzt schon seine Herrschaft durchsetzt, dominiert bei ihm eindeutig der Heilsaspekt, während bei Johannes der Gerichtsernst vorherrscht, weil es bei ihm darum geht, die letzte Chance zu ergreifen, vor dem kommenden Vernichtungsfeuer bewahrt zu werden. Es ist also kein Zufall, dass das Bild des Täufers eher düster wirkt: der Wüstenprediger, der mit scharfer Warnung seinen Zuhörern eine letzte Rettungsmöglichkeit anbietet (»Schlangenbrut«). Wenn Jesu Bild demgegenüber hell leuchtet, so ist doch davor zu warnen, einseitig die stimmungsvolle Gestalt des guten Hirten vor sich zu sehen, weil dies der historischen Figur Jesu von Nazaret nicht gerecht wird. Jesus als der gütige Heiland – dieses gängige Jesusbild unterschlägt eine wesentliche Seite am historischen Jesus. Für frühjüdisches Denken gehören Gericht und Heil immer zusammen; sie sind zwei Seiten einer Medaille, zwei Aspekte des eschatologischen Geschehens, das beides in sich birgt. Das Gericht bleibt auch für Jesus die Kehrseite des Heils und seine notwendige Voraussetzung. Nicht umsonst und ohne Grund ging es darum, das täuferische Erbe bei Jesus, seinen

Gerichtsernst, seine auch bei ihm in nicht wenigen Worten auftauchende Gerichtsdrohung herauszustellen. »Freilich ist es ein Unterschied, ob der Ruf zur Umkehr durch das nahe Gericht oder das nahe Heil begründet wird. Die Warnung vor dem Gericht appelliert an die Furcht, die Verheißung des Heils dagegen an die Hoffnung im Menschen.«[28] Das täuferische Erbe kommt eben darin zum Ausdruck, dass Jesus im Falle der Ablehnung des Heilsangebots der Gottesherrschaft das Gericht ansagt. Hier gilt eben sinngemäß: »Wenn ihr nicht umkehrt, werdet ihr umkommen.« Wer sich dem Boten und Propheten der Gottesherrschaft Jesus gegenüber verweigert und das in ihm sichtbare Heilsangebot Gottes ausschlägt, dem gilt das eschatologische Gericht (Lk 12,8 f.). Bei beiden Gestalten, Johannes wie Jesus, spielt der Gerichtsgedanke eine wesentliche Rolle, wenn auch ganz verschieden nuanciert: »... während der Täufer das drohende Gericht in den Vordergrund seiner Predigt rückt und einen Weg zeigt, wie man ihm entrinnen kann, stellt Jesus das gegenwärtige und kommende Heil in den Vordergrund und zeigt, was seine Verwerfung bedeutet.«[29]

Beide trennt der verschiedene Standpunkt in der Eschatologie. Jesus überholt den Täufer in seinem eschatologischen Zeitbewusstsein. Gott ist nicht mehr vornehmlich der kommende Richter, vielmehr ist er bereits den Menschen in ihrer Gegenwart nahe gekommen, ja er ist ansatzweise da in Jesu Worten und Taten. Jesus wendet sich deshalb von der Wüste ab und kehrt ins Kulturland zurück, dahin, wo seine Zeitgenossen leben und arbeiten. Im Gegensatz zum Täufer geht Jesus auf die Menschen zu, in ihre Dörfer und

---

28 M. Reiser, Die Gerichtspredigt Jesu, 241 f.

29 A. a. O., 306.

Häuser; das entspricht dem Bild vom Hirten, der das Verlorene sucht und sich über das Wiedergefundene freut (Mt 18,12 f. par Lk 15,3–7).

1.8.4. Jesu Urteil über Johannes den Täufer

Die Darstellung der Täuferpredigt und den Vergleich des Johannes mit Jesus von Nazaret als seinem zeitweiligen Anhänger könnte man abschließen mit Überlegungen zu den Überlieferungen über den Tod des Johannes. Doch legt es sich nahe, eine Darstellung darüber vorzuschalten, wie die Zeitgenossen des Johannes, vornehmlich Jesus, über den Täufer explizit geurteilt haben, weil dies dazu beiträgt, das historische Bild Johannes des Täufers noch schärfer zu konturieren, als es bisher vielleicht möglich war. Die Aussagen Jesu über den Täufer sind zwar alle im Rückblick geschehen, nach seiner Trennung von ihm – vielleicht nach seinem gewaltsamen Tode; doch gehören sie so eng zum historischen Bild des Johannes, dass sie schon hier erörtert werden sollen – vor der Betrachtung der Traditionen über seinen Tod, die die Darstellung über das historische Wirken des Täufers abschließen soll.

Bei der Einschätzung des Johannes als eines jüdischen Propheten war schon auf jenes Wort Jesu verwiesen, das auf alter Jesusüberlieferung beruht, aber vielleicht bereits die Situation nach dem Tode des Täufers voraussetzt und deshalb den zeitlichen Abstand mit dem Vergangenheitstempus betont (Mt 11,9; Lk 7,26):

»... oder warum seid ihr hinausgezogen (in die Wüste)?
Um einen Propheten zu sehen?
Ja, ich sage euch, sogar mehr als einen Propheten!«

Deutlich wird bei diesem Wort, dass Jesus sich an einen Hörerkreis wendet, der sich an der Täuferbewegung beteiligt hat und deshalb zu ihm in die Wüste hinausgezogen ist. Für beide Propheten, für Johannes und Jesus, kann wohl der gleiche Adressatenkreis angenommen werden. Sie wirkten im gleichen religiösen Milieu. Wichtig ist nun, dass sich Jesus in seinem Urteil (»mehr als ein Prophet«) mit dem Jordanpropheten eindeutig solidarisiert. Für Jesus ist Johannes heilsmittlerischer Endzeitbote; ja, er sprengt wohl die Schemata der alttestamentlichen Prophetie, wenn er mehr als diese ist.

Um so stärker erstaunt ein anderes Wort Jesu, das sich in der Überlieferung der Spruchquelle Q eng an das vorherige anschließt (Mt 11,11; Lk 7,28) und auf Grund seiner sprachlichen und inhaltlichen Eigenart als authentischer Jesusspruch gelten darf:

> »Amen, ich sage euch:
> Unter den von Frauen Geborenen ist kein Größerer aufgestanden als Johannes,
> aber der Kleinste in der Gottesherrschaft ist größer als er.«

Das Logion ist, abgesehen von der Einleitungsformel, von einer prägnanten Zweiteilung bestimmt. Der antithetische Parallelismus ist dabei so gestaltet, dass die extreme Aussage der ersten Zeile angesichts ihrer Hyperbolik der Korrektur durch die zweite bedarf. Jedenfalls ist die erste Zeile als isolierte Aussage weder im Munde Jesu noch bei der nachösterlichen Gemeinde vorstellbar. Das ganze Wort ist so sehr von Jesu Verständnis von der mit der Gottesherrschaft anbrechenden eschatologischen Heilswende geprägt, dass hier keine nachösterliche Gemeindebildung vorliegt, sondern der historische Jesus selbst zu Worte kommt. Dafür spricht auch die antithetische und hyperbolische Redeweise, in der vom Täufer geredet wird. Das Wort sagt ja in pointiert zugespitzter Weise: Gott ließ keinen Größeren unter den Menschen auftreten als Johannes.

Dennoch hat zu gelten, dass angesichts des Novums der Gottesherrschaft Johannes vor dem Kleinsten in der neuen Zeit zurücktreten muss. Jesus teilt zunächst die Wertschätzung des Propheten Johannes, vor dem Hintergrund der anbrechenden Gottesherrschaft wird sie relativiert. Johannes gehört nicht zur neuen Ära der Gottesherrschaft; das begrenzt seine Bedeutung für Jesus. Das Wort ist aber nicht zur Degradierung des Täufers gesprochen, sondern um das grundsätzlich Neue auszusagen, das mit der Gottesherrschaft im Anbruch ist. Vermutlich ist das Wort an jene Hörer Jesu gerichtet, die seine Wertschätzung des Täufers teilen, also Anhänger der Täuferbewegung. Der antithetische Schlusssatz des Logions lässt darauf schließen, dass Jesus diese Menschen für seine Botschaft von der Gottesherrschaft gewinnen will und damit missionarisch im Täufermilieu tätig ist.[30] Die Wertschätzung des Propheten Johannes durch seine Anhänger ist völlig berechtigt, vor dem Hintergrund der anbrechenden Gottesherrschaft aber wird sie relativiert.

Eine erstaunliche Parallelisierung beider Gestalten, die auf den ersten Blick beide Gottesboten in eine Front einreiht, zeigt die Wortkomposition aus der Spruchquelle Mt 11,16–19 par Lk 7,31–34, die allerdings nicht mehr ganz wortgetreu Jesu Kritik an seinen Zeitgenossen wiedergibt. Dabei hat man davon auszugehen, dass das einleitende Gleichnis von den launischen Kindern (Mt 11,16 f. par) mit dem folgenden Deutewort (Mt 11,18 f.), eingeleitet mit »denn«, ursprünglich zusammengehört und in dieser Einheitlichkeit gesprochen wurde. Nur in dieser ursprünglichen Einheit hat das ganze Wort eine eindeutige Aussage und Pointe,

30 K. BACKHAUS, Die »Jüngerkreise« des Täufers Johannes, Paderborn u. a. 1991, 62.

das bloße Beispiel mit den launischen Kindern wäre doch wohl zu banal und zu wenig aussagekräftig. Die Schlusssentenz Mt 11,19c par Lk 7,35 wird allerdings nachträglich kommentierender Zusatz der Spruchquelle sein, der den durch Gleichnis und Deutung gesteckten Rahmen überschreitet (s. u.). Eine wahrscheinliche Rekonstruktion des ursprünglichen Wortlautes ergibt Folgendes:[31]

» ›Ihr seid‹ wie auf dem Marktplatz sitzende Kinder,
die sich einander zurufen und sagen:
Wir haben für euch die Flöte gespielt, aber ihr habt nicht getanzt!
Wir haben das Klagelied angestimmt, ihr aber habt nicht getrauert!
Denn Johannes ist gekommen, aß nicht und trank nicht,
ihr aber sagt:
Er hat einen Dämon.
Der Menschensohn ist gekommen, isst und trinkt,
ihr aber sagt: Siehe, der Mensch ist ein Vielfraß und Weinsäufer,
ein Freund der Zöllner und Sünder.«

Jesus vergleicht seine Zeitgenossen mit Kindern, die auf dem Marktplatz sitzen und vor lauter Eigensinn und Uneinigkeit nicht zum Spielen kommen. Einige haben begonnen, Flöte zu spielen, aber die anderen haben nicht getanzt. Einige haben das Begräbnisspiel versucht und die Totenklage begonnen, aber die anderen haben nicht mitgetrauert.

Nach Jesu Meinung charakterisiert diese Unwilligkeit die Menschen insofern, als sie auf das Bußfasten des Täufers hin diesen mit dem Vorwurf abqualifizierten: Er hat einen Dämon. Wurde der Täufer religiös disqualifiziert, so wird Jesus wegen seines unfrommen Verhaltens, des Umgangs mit religiös Verfemten, verurteilt. Eine allgemeine Widersprüchlichkeit prägt die

---

31 Vgl. J. Becker, Jesus von Nazaret, 208 f. Statt »der Menschensohn ist gekommen« dürfte zudem etwa »ich bin gekommen« der ursprüngliche Wortlaut gewesen sein.

Zeitgenossen: Das Bußfasten angesichts des drohenden Zorngerichts, wie die eschatologische Hochzeitsfreude mit Essen und Trinken, laufen bei ihnen ins Leere. Sie begreifen die Stunde nicht, die geschlagen hat. Sie haben den Kairos nicht erkannt, sie haben die Chance verpasst, die mit Jesu Auftreten verbunden war. Für das genuine Jesuswort steht natürlich die Zurückweisung von Jesu Botschaft im Vordergrund; das vorangestellte parallele Beispiel des Johannes unterstreicht allerdings die generelle Unwilligkeit der Zeitgenossen.

Wie sieht das ganze Wort, und damit Jesus, hier sein Verhältnis zum Täufer? Beide werden zunächst in einer Front zusammen gesehen im Gegensatz zu ihren Zeitgenossen. Beide Gottesboten erscheinen aber im Kontrast zueinander; denn Jesus macht sich ja das Urteil der Menschen zu Eigen, freilich in positiver Wertung des Täufers, der auch für ihn der asketische Umkehrprediger ist, während er selbst als Künder der frohen Botschaft auftritt. Doch hebt diese inhaltliche Unterschiedenheit beider für ihn nicht die Tatsache auf, dass sie als Gottesboten den Zeitgenossen in einer Linie gegenüberstehen.

Jesus übernimmt hier in gewisser Weise die Sichtweise der gegnerischen Volksmeinung, für die beide Propheten trotz ihrer Unterschiedlichkeit in einer Reihe nacheinander gewirkt haben. Aus der Perspektive des Volkes waren beide Außenseiter der Gesellschaft: der eine als Bußprediger – der andere als Freund der Zöllner und Sünder. Jesus folgt dieser Sichtweise ansatzweise, um umso nachdrücklicher seine Anklage gegenüber den Zeitgenossen zu formulieren, die sich letztlich in ihrer Mehrheit beiden gegenüber verweigert haben. Aus der Perspektive des anklagenden Gerichtswortes stehen Johannes und

Jesus parallel zueinander, weil die Ablehnung durch Gegner beide trifft. Diese Parallelität nivelliert aber in Jesu Überzeugung nicht den Unterschied zwischen ihm und dem Täufer. Er selbst wirkt als Verkünder der Gottesherrschaft, was ihn in den fröhlichen Tischgemeinschaften mit Zöllnern und Sündern als »Vielfraß und Weinsäufer« erscheinen lässt. Bei Johannes dem Täufer fällt den skeptischen Zeitgenossen auf, dass er auf Essen und Trinken verzichtet, was sich auf das auch sonst belegte Bußfasten bezieht, das im Täuferkreis geübt wird (Mk 2,18). Diese »Askese« musste den Menschen damals merkwürdig vorkommen, weil das übrige Judentum ein von der Tora gefordertes allgemeines Fasten nur am Versöhnungstag kannte, das Fasten des Johannes sich davon also abhob. Es erklärt sich am ehesten aus der endzeitlichen Erwartung des Johannes, der Ausrichtung auf das kommende Zornesgericht Gottes, das wohl im Fasten ein demonstratives Zeichen der geforderten Umkehr gesehen hat. Dieses Bußfasten hat den Täufer so sehr von den sonstigen Menschen damals geschieden, dass man ihm den Vorwurf der Besessenheit machte: »Er hat einen Dämon.« Jesus teilt diese Negativwertung nicht; er zitiert sie nur als Zeichen des widersprüchlichen Verhaltens gegenüber den Gottesboten, der Zurückweisung, die er ähnlich wie Johannes der Täufer von vielen erfahren hat.

Eine gewisse Parallelisierung des Täufers mit Jesus zeigt also das Wort Mt 11,16–19 par Lk 7,31–34, wenn auch nur bezogen auf die Ablehnung, die beide je auf ihre Weise erfahren mussten. Etwas Ähnliches mag auch bei der sog. Vollmachtsfrage Mk 11,27–33 zu Grunde liegen, auch wenn es schwer fällt, hinter der markinischen Gestaltung des ganzen Textes die ursprüngliche Kontroverse und die dazu gehörige Jesusantwort genauer festzumachen. Die Frage der Gegner Jesus gegenüber lautet (11,28):

»Mit welcher Vollmacht tust du dies? Oder wer hat dir diese Vollmacht gegeben, dass du dies tust?«

Die Frage bezieht sich wohl nicht speziell auf die vorher erzählte Tempelaktion Jesu (so die markinische Redaktion), sondern generell auf alles, was Jesus tut, wie die Präsensform nahe legt. Die stilgemäße Gegenfrage Jesu lautet (11,30):

»Die Taufe des Johannes, war sie vom Himmel oder von Menschen? Antwortet mir!«

Diese Gegenfrage argumentiert mit der Voraussetzung, dass die Johannestaufe natürlich göttlich legitimiert ist, und zieht den entscheidenden Schluss: Wie der Täufer seine Vollmacht von Gott und nicht von Menschen hat, so auch ich. Im Blick auf die umstrittene göttliche Legitimation sieht sich Jesus in Parallelität mit dem Täufer. Das bedeutet aber nicht unbedingt, dass man den weitergehenden Schluss ziehen darf: »Die Umkehrbewegung des Täufers Johannes ist der ›göttliche Anfang‹, auf den sich Jesus beruft. Gott selbst hat mit dem Wirken des Johannes die Initiative ergriffen und einen Prozeß in Gang gebracht, der mit dem Novum der Predigt Jesu von der Gottesherrschaft in sein Ziel kommt.«[32] Eine Aussage wie Mt 11,11 par Lk 7,28 spricht dagegen. So sehr Jesus von der göttlichen Legitimation der Umkehrpredigt und Johannestaufe überzeugt ist, so sehr beansprucht er, das Neue der Johannestaufe in das noch radikalere Neue der Gottesherrschaft zu überführen.

Es bleibt bei Jesu grundsätzlichem Urteil, dass der Kleinste in der anbrechenden Gottesherrschaft größer

32 K. BACKHAUS, Die »Jüngerkreise« des Täufers Johannes, 88.

ist als Johannes (Mt 11,11 par Lk 7,28). Dies ist nicht als Abwertung der göttlichen Sendung des Johannes gemeint – beide erscheinen ja in einer Front gegenüber den Menschen in der oben besprochenen Wortkomposition Mt 11,16–19 par Lk 7,31–34. Es sollte allerdings die überragende Bedeutung der neuen Zeit der Gottesherrschaft betonen.

Zum Schluss sei noch der sog. Stürmerspruch Mt 11,12 f. par Lk 16,16 erwähnt, der vielleicht in diesen Zusammenhang gehört. Er scheint zwischen der Zeit vor Jesus, zu der Johannes gehört, und der Zeit der sich mit Jesus einstellenden Gottesherrschaft zu unterscheiden, wenn man einer beliebten Deutung des umstrittenen Spruches folgt, die hier nur vorgestellt werden soll.[33] Jedenfalls bleibt eine Deutung des ursprünglichen Sinnes im Munde Jesu einigermaßen hypothetisch, weil die Rekonstruktion des den beiden Versionen bei Mt und Lk zu Grunde liegenden Textes unsicher ist. Der ursprüngliche Spruch könnte entweder negativ oder positiv gemeint gewesen sein, je nachdem, wie man die betreffenden griechischen Begriffe versteht, die doppeldeutig sind.

Negative Fassung:

»Das Gesetz und die Propheten (reichen) bis auf Johannes. Von da an leidet die Gottesherrschaft Gewalt, und Gewalttätige unterdrücken sie.«

Positive Fassung:

»Das Gesetz und die Propheten (reichen) bis auf Johannes. Von da an setzt sich die Gottesherrschaft machtvoll durch, und Gewalttätige (= fest Entschlossene) reißen sie an sich.«

---

33 J. Gnilka, Jesus von Nazaret, Freiburg/Basel/Wien 1993, 150 f.; J. Becker, Jesus von Nazaret, 140 f.

Im erstgenannten Fall erscheint die anbrechende Gottesherrschaft als eine bedrohte und von Gegnern bekämpfte. Man wird an Widersacher Jesu denken, die das Gottesreich gewaltsam wegnehmen wollen; man kann dabei politische Gegner (Herodes Antipas!) oder das religiöse Establishment angesprochen sehen.

Im zweiten Fall sieht der Sprecher die letztendlich siegreiche Durchsetzung der Gottesherrschaft voraus und erwartet von seinen Zuhörern, den Nachfolgewilligen, dass sie ihr ganzes Leben kompromisslos auf die neue Situation ausrichten. Diese Deutung würde am ehesten in die sonstige Verkündigung Jesu passen. Was nun Johannes angeht, so stünde er danach nur an der Schwelle zur anbrechenden Heilszeit; er reichte nicht mehr in sie hinein. Bis Johannes liefe die Zeit des Wartens und Hoffens, nicht schon der Erfüllung. Man könnte an eine bekannte Seligpreisung Jesu (Mt 13,16 f. par Lk 10,23 f.) als Parallele denken, die diesen Wartestand kennzeichnet, der die Situation des Johannes aus der Sicht Jesu charakterisiert:

»Selig die Augen, die sehen, was ihr seht,
und die Ohren, die hören, was ihr hört!
Amen, ich sage euch:
Viele Propheten und Könige wollten sehen, was ihr seht,
aber sahen es nicht,
und wollten hören, was ihr hört, aber hörten es nicht.«

Der fragliche Stürmerspruch ist in diesem Zusammenhang nur der Vollständigkeit halber erwähnt, da er zwar interessante Aussagen über Johannes macht, diese aber rätselhaft bleiben müssen, solange eine Rekonstruktion des Spruches im Munde Jesu ganz unsicher ist.

1.9. Die Gefangenschaft und der Tod des Johannes

1.9.1. Die verschiedenen Überlieferungen

Über das Ende des Johannes existieren zwei voneinander unabhängige Berichte: einmal der Bericht des jüdischen Historikers Josephus, Ant. 18,116–119, sodann die geschichtliche Rückblende, die der Evangelist Markus bei seiner Darstellung des Wirkens Jesu bietet (Mk 6,17–29). Die übrigen Synoptiker sind von Markus abhängig. Es legt sich nahe, bei der Schilderung des Josephus einzusetzen, weil sie für die Erhellung der geschichtlichen Hintergründe informativer ist als die andere, wenn auch der Bericht des Josephus keineswegs frei ist von subjektiver Berichterstattung, ja die Gestalt des Täufers durchaus tendenziös beschreibt.

Einen Grundunterschied zwischen jüdischer Quelle und christlichen Darstellungen hat man sich dabei von vornherein klarzumachen. Die christlichen Quellen, und damit natürlich auch Markus, sind an Johannes dem Täufer nur im Zusammenhang der Geschichte Jesu interessiert. Vom Tode des Täufers handelt Markus nur in einer Art Nachtrag, nachdem er über Gerüchte berichtet hat, wonach das Volk glaubt, in der Person Jesu wirke der von den Toten auferweckte Johannes (6,14–16). Von dieser Tendenz, Johannes nur in der Beziehung auf Jesus wahrzunehmen, ist Josephus als hellenistischer Jude natürlich frei. Gleichwohl kennzeichnet ihn eine andere Absicht. Die Verwendung von Schlüsselwörtern, die hellenistisch-römischer Philosophentradition entstammen, macht den Eindruck, Josephus orientiere sich bei seiner Darstellung des Täufers an den Wertvorstellungen seines Publikums. Er beschreibt Johannes als hellenistischen Tugendlehrer entsprechend seiner eigenen Tendenz, jüdische religiöse Gruppen in Analogie zu hellenistischen Philosophenschulen darzustellen. Er verschweigt dabei völlig die eschatologischen Züge der Gerichtspredigt des Johannes, ja es fehlt jede konkrete Aussage über die eigentliche Lehre des jüdischen Propheten. »Da Josephus auch sonst dazu neigt, die in den Augen der Römer verdächtigen eschatologischen Züge im Judentum zu verschweigen, liegt der Verdacht bewußter Unterdrückung solcher Traditionen nahe.«[34]

Entsprechend seiner Tendenz, Johannes als hellenistischen »Philosophen« zu stilisieren, stellt Josephus ihn als Tugendlehrer dar, der insbesondere Gerechtigkeit gegeneinander (zwischenmenschliche Beziehungen) und Frömmigkeit gegenüber Gott propagiert. Ansonsten sollten die Juden zur Taufe kommen, die allerdings nur als Reinigungsritus des Leibes gilt, während die Seele bereits vorher durch Gerechtigkeit gereinigt worden ist. Ausdrücklich wird bestritten, dass die Gott angenehme Taufe des Johannes der Vergebung der Sünden diene, was im Widerspruch zu der wohl historischen Tradition steht, Johannes habe eine »Umkehrtaufe zur Vergebung der Sünden« verkündet (Mk 1,4). Das ist eine rationalistische Deutung der Johannestaufe, die zu dem von Josephus gezeichneten Bild des Johannes als hellenistischen Moralisten passt, aber nicht zu dem eschatologischen Gottesboten, der Johannes in Wirklichkeit war. So sehr also bei Josephus eine Umdeutung des Wirkens des Johannes stattfindet, so sehr ist seine Quelle wichtig, was die äußeren Umstände seines Todes angeht. Es legt sich deshalb nahe, den kurzen Josephusbericht wörtlich zu zitieren.

Zu beachten ist dabei, dass der Fall des Täufers Johannes für Josephus nur eine Episode darstellt, die

---

34 G. THEISSEN/A. MERZ, Der historische Jesus, 187 f.

innerhalb eines Berichtes über die politischen Verwicklungen Erwähnung findet, die sich wegen der Verstoßung der ersten Ehefrau des Herodes Antipas, einer Tochter des Nabatäerkönigs Aretas IV., ergeben haben. Als diese nämlich erfuhr, dass ihr Mann sie wegen Herodias, der Frau seines Halbbruders, verstoßen wollte, eilte sie ins Nabatäerland zu ihrem Vater, der daraufhin – auch wegen einiger Grenzstreitigkeiten mit dem Tetrarchen Herodes Antipas – Krieg mit diesem begann und ihn gleich beim ersten Zusammenstoß besiegte. An dieser Stelle setzt nun die zurückblickende Notiz des Josephus über Johannes den Täufer ein (Ant. 18,116–119):

»Einige Juden aber glaubten, das Heer des Herodes sei von Gott vernichtet worden, womit er ihn höchst gerechterweise büßen ließ und Rache nahm für Johannes, den sogenannten Täufer.
Diesen nämlich tötete Herodes, obwohl er ein Mann von guter Gesinnung war und die Juden dazu aufforderte, Tugend zu üben und Gerechtigkeit gegeneinander und Frömmigkeit gegenüber Gott zu praktizieren und (dann) zur Taufe zu kommen...
Weil aber die anderen zusammenströmten und weil sie vom Hören der Worte aufs höchste erregt wurden, fürchtete Herodes, sein (des Johannes) übergroßer Einfluß auf die Menschen könnte zu einer Art Aufstand führen,... und hielt es darum für viel besser, ihn, bevor Neuerungen durch ihn entstünden, vorgreifend aus dem Wege zu räumen, als nach geschehenem Umsturz in eine schwierige Lage zu geraten und (sein Zögern) zu bereuen.
Auf den Verdacht des Herodes hin wurde er (Johannes) gefesselt nach Machärus, die bereits erwähnte Festung, geschickt und dort hingerichtet. Bei den Juden aber herrschte die Meinung, daß als Rache für jenen der Untergang über das Heer kam, weil Gott Herodes Schaden zufügen wollte.«

Dieser Bericht des Josephus ist wichtig, wenn man nach dem historischen Ort, der Zeit und dem Anlass für die Hinrichtung des Täufers fragt. Dabei wird es nötig sein, vorgreifend und vergleichend auch auf die Überlieferung zu schauen, die beim Evangelisten Markus erhalten ist, ehe dann die dortige Darstellung ausführlich in ihrem Charakter besprochen wird. Denn nur im Vergleich der Texte lässt sich der historische Hintergrund einigermaßen aufhellen.

1.9.2. Hinrichtungsort und Zeitpunkt des Todes des Johannes

Als Hinrichtungsort erwähnt Josephus die Festung Machärus, die östlich des Toten Meeres im Südzipfel des Gebiets von Peräa lag, das zum Herrschaftsgebiet des Tetrarchen Herodes Antipas gehörte. Die Festung war eine im bergigen Land gelegene Wüstenburg, die König Herodes der Große prächtig ausgebaut hatte, und zwar bewusst in der Nachbarschaft der arabischen Nabatäer. Machärus war eben nicht nur militärische Festung, sondern besaß einen mit verschwenderischer Pracht ausgestatteten Palast mit weitläufigen Gemächern (Josephus, Bell. 7,171–177), bei dem moderne Ausgrabungen auch zwei Triklinien ans Tageslicht brachten. Da die Festung im weiteren Umfeld der Wirkstätte des Täufers lag (ebenfalls in der Nähe des Toten Meeres), bestände eigentlich kein Grund, an der Historizität dieses Hinrichtungsortes überhaupt zu zweifeln, wenn nicht der Bericht Mk 6,17 ff. einen anderen Ort, nämlich die Residenz des Herodes Antipas in Tiberias in Galiäa, voraussetzen würde, ohne sie allerdings ausdrücklich zu erwähnen. Dennoch wird man hier Josephus folgen dürfen; denn die implizite Galiläaorientierung des Markus kommt bei seiner Version der Hinrichtung des Täufers nur dadurch zu Stande, dass er sie noch zur Zeit des galiläischen Wirkens Jesu verortet (Mk 6,14–16 in Verbindung mit dem folgenden Text). Machärus war also mit ziemlicher Sicherheit der Hinrichtungsort des Johannes. Sollte die üppige Festmahlsszene aus Mk 6,21, die zur Enthauptung des Täufers führte, in irgendeiner Weise historisch zutreffend sein, so kommt von den örtlichen Voraussetzungen her Machärus dafür durchaus in Frage: »Das prächtige Schloß beweist, daß die Herrscher hier auch zuweilen residieren wollten. Antipas mußte es besonders in den Sommermonaten hierher ziehen, um der drückenden Hitze in Tiberias zu entfliehen. Dazu konnte in den kritischen Jahren seine Anwesenheit dämpfend auf den Nabatäerkönig wirken. So ist es immerhin denkbar, daß er hier öfter für einige Zeit Residenz hielt und die Spitzen Galiläas ihre Deputationen zu seinem Geburtstag entsandten.«[35]

Was nun den Zeitpunkt der Hinrichtung des Täufers angeht, bestehen Differenzen zwischen der Josephusdarstellung und den Evangeliumsangaben. Bei Josephus ist nach jüdischer Volksmeinung die Tötung des Johannes die Ursache für die göttliche Strafe, die Herodes Antipas getroffen habe, als seine Streitmacht im Krieg gegen die Nabatäer unterging. Hier drückt sich ein enger sachlicher und damit auch zeitlicher Zusammenhang zwischen dem Tode des Johannes und der Niederlage des Herodes aus. Letztere erfolgte im Jahr 36 n. Chr.; auf Grund der Josephusschilderung müsste man eigentlich dann für die Hinrichtung des Johannes ein Datum annehmen, das nicht allzu weit vor jenem Ereignis liegt. Ein solcher Schluss kollidiert allerdings erheblich mit den Folgerungen, die sich aus den Angaben des Markusevangeliums über den Zeitpunkt des Todes des Johannes ergeben.

Nach Mk 6,14–16 besagen Gerüchte aus dem Volk, dass Jesus erst nach dem Täufer öffentlich aufgetreten sei; denn man glaubt ja, im wunderkräftigen Wirken

---

35 C. Kopp, Die heiligen Stätten der Evangelien, Regensburg ²1964, 176.

Jesu, den von den Toten auferweckten Johannes zu erkennen. Jesus setzt danach das Wirken des Täufers fort. Noch deutlicher trennt Mk 1,14 das Auftreten der beiden Gestalten: Erst nach der Gefangennahme des Johannes tritt Jesus in Galiläa auf. Will man keine jahrelange Gefangenschaft des Johannes postulieren, für die nichts spricht, müsste man den Tod des

Abb. 6: Bergkegel der Festung Machärus östlich des Toten Meeres

Johannes eng mit der Jesuszeit kombinieren. Datiert man wie gewöhnlich Jesu Tod auf das Jahr 30, müsste man für Johannes etwa das Jahr 29 annehmen. Doch wird hier jede genaue Angabe spekulativ bleiben. Wichtig ist allein die Erkenntnis, dass das historisch sichere Datum für die Niederlage des Herodes Antipas, also 36 n. Chr., den Zeitpunkt des Täufertodes nicht notwendigerweise an sich ziehen muss.[36] Denn nur auf Grund der Verbindung, die die bei Josephus referierte Volksmeinung zwischen der Niederlage des Herodes und dem Täuferschicksal herstellt (Erstere als göttliche Strafe für Letzteres), kommt es zu der Frage, ob man den Zeitpunkt der Hinrichtung des Täufers nahe an das Jahr 36 heranrücken muss.

1.9.3. Motive der Hinrichtung des Täufers

Wichtiger als Ort und Zeit des Todes des Johannes sind die Gründe für seine Hinrichtung.
Hier gehen nun die Angaben des Josephus und der urchristlichen Quellen recht weit auseinander, wenngleich keine ausdrücklichen Widersprüche bestehen, so dass historische Nachfrage beide Überlieferungen durchaus in Einklang bringen kann.

Betrachtet man zunächst Josephus, so ist das Motiv für die Hinrichtung des Johannes klar. Es ist eindeutig politisch: Herodes Antipas fürchtet die große Anziehungskraft der Reden des Johannes; sein übergroßer Einfluss auf die Menschen, die seinem Rat gemäß alles tun würden, könnte zu einer Art Aufstand führen, zu einer Rebellion, die Herodes' Herrschaft gefährdet. Auf bloßen Verdacht hin lässt er Johannes festnehmen und in Machärus hinrichten. Undeutlich bleibt dabei, worauf sich die Befürchtungen inhaltlich bezogen.

---

36 J. Ernst, Johannes der Täufer, 345 f.

Bei Mk 6,17 ff. wird nun eher ein privates Motiv sichtbar. Hier ist es Herodias, die Herodes Antipas geheiratet hatte, welche den Tod des Johannes betrieb, weil er Kritik an ihrer Ehe geäußert hatte. Sie war zuerst mit Herodes, dem Halbbruder des Antipas, verheiratet, hatte diese Ehe aber gebrochen und den Halbbruder ihres Mannes geheiratet, was ihrem neuen Mann den Vorwurf des Bruches des jüdischen Gesetzes von Johannes eintrug: »Es ist dir nicht erlaubt, die Frau deines Bruders zu haben« (Mk 6,18). Bei dieser Darstellung des Markusevangeliums bleiben – anders als bei Josephus – mögliche politische Implikationen der Hinrichtung undeutlich. Alles ist hier auf das Motiv der rachsüchtigen Frau konzentriert (Mk 6,19.24), während Herodes Antipas, der laut Josephus die treibende Kraft bei der Beseitigung des Johannes war, mit moderaten Zügen gezeichnet ist (Mk 6,20). Wichtig ist also die Bewertung des jeweiligen Quellentextes, was den literarischen Charakter desselben und seine besondere Aussageabsicht angeht. Gerade bei Mk 6,17 ff. mit seiner bekannten Gastmahlszene, die schließlich zur Hinrichtung des Täufers führt, wird die literarische Gattungsanalyse bedeutsam werden, wenn man den historischen Quellenwert der Erzählung endgültig festlegen will.

Immerhin aber lässt sich jetzt schon aus dem Vergleich von Josephus und den urchristlichen Quellen ein ungefähres Bild der historischen Umstände der Täuferhinrichtung rekonstruieren. Man muss nur erkennen, wo die eine Überlieferung Zuverlässiges berichtet, wo die andere. Ausgangspunkt der Überlegungen wird der im Ganzen sachliche Bericht des Josephus sein, der allerdings nur die politischen Zusammenhänge erhellt. Gerade er berichtet über die Verwicklungen, die sich angesichts der Auflösung der

Abb. 7: Johannes vor Herodes und Herodias, Bernwardsäule, Dom zu Hildesheim (1014)

Ehe der Herodias und ihrer neuen Ehe mit Herodes Antipas, die gleichzeitig seine Trennung von der Nabatäerprinzessin bedeutete, ergeben haben. Letztere führte ja zum Krieg mit dem Nabatäerkönig Aretas IV., der mit der Niederlage des Herodes endete. Josephus schildert die Vorgänge um die neue Ehe des Herodes und seine Trennung von der Tochter des Nabatäers Aretas, ohne allerdings die Ehegeschichte des Herodes mit Johannes dem Täufer in Verbindung zu bringen. Erst die militärische Niederlage gegen Aretas verleitet Josephus dazu, das Schicksal des Johannes zu erwähnen.

Auf die leidige Ehe- bzw. Ehescheidungsgeschichte nimmt aber Mk 6,17 ff. Bezug, wenn der Text die Kritik des Johannes an der Heirat des Herodes Antipas mit Herodias als Grund für die Gefangennahme des Täufers erwähnt (Mk 6,17 f.); er verschweigt allerdings – umgekehrt wie Josephus – die politischen Folgen, die diese Heirat im Blick auf die Auseinandersetzung mit dem Nabatäerkönig mit sich brachte.

Beide Überlieferungen ergänzen einander in gewisser Weise. Danach bildeten Grenzstreitigkeiten mit den Nabatäern, wie Josephus, Ant. 18,113 berichtet, den politischen Kontext der Hinrichtung des Johannes. Die latente Feindseligkeit war erneut ausgebrochen, als Herodes Antipas die Ehe mit der Tochter des Nabatäerkönigs löste, um Herodias zu heiraten (Ant. 18,109 ff.). Wenn nun Johannes in dieser Krisenzeit die problematische Ehe des Antipas mit Herodias öffentlich kritisierte (Mk 6,18), indem er die Verbindung mit der Frau des Bruders als Blutschande brandmarkte (Lev 20,21; vgl. 18,16), so hatte dies politische Brisanz: Die Ehekritik stellte Antipas nicht nur als Gesetzesbrecher bloß und untergrub sein Ansehen beim jüdischen Volk, sondern konnte möglicherweise auch als Parteinahme für die feindlichen Nabatäer erscheinen. Die Zurechtweisung des Fürsten in dieser Krisenzeit konnte als Angriff auf die Staatsautorität verstanden werden. Diesen Gesichtspunkt könnte Josephus im Auge haben, wie der Verweis auf die Furcht des Herodes vor dem übergroßen Einfluss des Johannes auf die Menschen, der sogar zu einem Aufstand führen könnte, zu erkennen gibt. Die Gefangennahme und Hinrichtung des Johannes waren dann in der Perspektive des Landesherrn eine politische Maßnahme in höherem Interesse. Das heißt: Die politischen Implikationen der am jüdischen Gesetz orientierten Zurechtweisung des Fürsten sind dem Propheten Johannes zum Verhängnis geworden. Mit seiner Kritik am Fehlverhalten seines Landesherrn stand Johannes gleichwohl in guter alter Tradition. Manche Propheten Israels sind den Königen ihrer Zeit in ähnlicher Weise entgegengetreten (1 Sam 13,11–14; 2 Sam 12,1–14; Jer 22,13–19), wobei die Erzählung vom Zusammenstoß Elijas mit König Ahab und seiner Frau Isebel das bekannteste Beispiel darstellt (1 Kön 18,1–20; 21,17–29).

1.9.4. Die Legende vom Tod des Täufers – eine Volksüberlieferung

Wir sind bisher ausführlich auf den Bericht des Josephus eingegangen – nur kurz auf die Überlieferung, die in Mk 6,17 ff. erhalten ist, obwohl dieser Bericht die plastischste und anschaulichste Version des Täufertodes darstellt. An ihn denkt man am ehesten, wenn man die Hinrichtung des Johannes erwähnt – er hat am stärksten die Phantasie späterer Erzähler bis in die Moderne hinein beschäftigt.

Da ist die Rede von Herodes, der Johannes ergreifen und ins Gefängnis werfen ließ wegen Herodias, der Frau seines Bruders, die er geheiratet hatte. Johannes nämlich hatte diese Heirat kritisiert, weil sie dem jüdischen Gesetz widersprach. Insbesondere Herodias trachtete Johannes wegen dieser Kritik nach dem Leben, konnte dies aber zunächst noch nicht durchsetzen, weil Herodes den Johannes als gerechten und heiligen Mann insgeheim fürchtete. Da kam die große Gelegenheit, als Herodes an seinem Geburtstag den Großen seines Fürstentums ein Festessen gab. Die Tochter der Herodias trat überraschenderweise während dieses Gastmahls auf und tanzte. Das gefiel Herodes und seinen Gästen so sehr, dass der König dem Mädchen versprach: »Was immer du verlangst, werde ich dir geben bis zur Hälfte meines Königreiches« (Mk 6,23). Das Mädchen verließ den Raum, ging zu seiner Mutter und fragte sie, was sie verlangen solle. Diese riet ihr bösartig: »das Haupt Johannes des Täufers.« Dementsprechend ging das Mädchen wieder hinein zum König und verlangte den Kopf des Täufers. Trotz schwerer Bedenken wollte Herodes sie wegen des schwurartigen Versprechens und wegen der Gäste nicht abweisen. Er schickte einen Henker los und befahl ihm, den Kopf des Johannes zu bringen. Dieser handelte entsprechend und brachte den Kopf auf einer Schüssel, gab ihn dem Mädchen, welche ihn der Mutter übergab. Die Geschichte schließt mit der Bemerkung, dass die Jünger des Johannes davon hörten, seinen Leichnam holten und ihn in einem Grab begruben.

Die ganze Erzählung ist lebendig, spannend, ja dramatisch. Sie steckt voller konkreter Einzelheiten, und man kann sich vorstellen, dass sie in den Basaren des damaligen Orients, wie man gemeint hat, aufmerksame Hörer fand. Man braucht ja nicht so weit zu gehen, dass man sich bei dieser Geschichte eher in den Palast eines Märchenkönigs versetzt glaubt als an den

Hof des Herodes Antipas. Dennoch lässt der phantasievolle Charakter der Geschichte starke Zweifel aufkommen, was den historischen Gehalt der Erzählung angeht, wenn dieser auch nicht völlig fehlt. Der kritische Leser wird in Mk 6,17 ff. bedeutsame Verschiebungen gegenüber der historischen Realität erkennen, die auf den besonderen literarischen Charakter der Erzählung zurückgehen. Auf ihn ist zunächst einzugehen.

Die Geschichte ist kein Märtyrerbericht über Johannes, den seine Anhänger nach seinem Tode erzählt haben. Man erfährt in ihr nichts über die Predigt des Johannes (außer der Kritik an der Ehe des Antipas), nichts über seinen generellen Umkehrruf und die Ankündigung des eschatologischen Gerichts, nichts über seine Taufe. Wichtiger ist noch: Hätten die ursprünglichen Erzähler einen Märtyrer schildern wollen, so hätten sie seine Standhaftigkeit angesichts des Todes zeigen können; sie hätten ihm ein »letztes Wort« in den Mund legen können. Jüdische Märtyrerberichte schildern die Qualen des Gerechten, handeln von seiner Verteidigung vor Gericht. Nichts dergleichen findet sich in Mk 6,17 ff. Ja, die Gestalt des Täufers tritt im Verlauf der ganzen dramatischen Geschichte immer mehr zurück, »nur das Haupt des Getöteten erscheint auf der Szene«[37]. Sein Sterben wird gar nicht im Detail dargestellt.

Zu beachten ist andererseits, dass der Gegensatz des lasterhaften Königshofes zum Täufer auch nicht die Pointe unserer Erzählung ist – etwas, was Darstellungen der Moderne wie die Oper Salome von Richard Strauß durchaus interessiert. In diesem Falle wäre zu

37 M. Dibelius, Die urchristliche Überlieferung von Johannes dem Täufer, FRLANT 15, Göttingen 1911, 79.

erwarten, »daß die Gestalt des Bußpredigers in asketisch-prophetischer Kleidung, mit Worten drohendsten Inhalts auf den Lippen in das sinnbetörende Treiben lüsterner Hofleute hineingestellt wird. Das versucht der Erzähler aber gar nicht.«[38] Die Geschichte hat zwar einen religiösen Ausgangspunkt, die Kritik an der Ehe des Antipas, sie wendet sich aber schnell davon ab, hin zur religiös irrelevanten Gastmahlsszene.

Was also charakterisiert die Markusgeschichte am ehesten? Im Blick auf das die ganze Geschichte prägende Milieu, in dem die Ereignisse sich abspielen, handelt es sich um eine »Hoflegende«, die von Hofintrigen und Machtmissbrauch erzählt, in der »ein heiliger Mann« das Opfer ist.[39] Sie geht auf volkstümliche Überlieferung zurück, die stark legendarischen Charakter hat und keine spezifisch jüdischen oder christlichen Züge kennt. Man kann den Sachverhalt auch so umschreiben: »Die isoliert überlieferte Geschichte ist weder als christliche noch als Überlieferung der Täuferjünger, sondern als im Volk umlaufende Geschichte anzusprechen... Ziel der Geschichte könnte es gewesen sein, das gottlose Treiben der Mächtigen und konkret des Herodes Antipas und seines Hofes... zu brandmarken.«[40]

Wichtig sind nun die legendenhaften Veränderungen, die diese »Hofepisode« im Unterschied zur noch erkennbaren historischen Realität prägen.[41]

a) Eine besondere Verschiebung gegenüber den tatsächlichen Vorgängen dürfte schon darin bestehen,

---

38 Ebd.

39 G. Theissen, Lokalkolorit und Zeitgeschichte in den Evangelien, NTOA 8, Freiburg/Göttingen 1989, 85, Anm. 53.

40 J. Gnilka, Das Evangelium nach Markus, 1. Teilband, Zürich/Neukirchen-Vluyn [5]1998, 246.

41 Das Folgende im Anschluss an G. Theissen, a. a. O., 91–102.

dass die eigentliche Verantwortung für die Hinrichtung des Johannes bei der Frau des Herodes, bei Herodias also, liegt. Sie agiert hier als blutrünstige, rachsüchtige Frau (Mk 6,19.24). Das ist schon in der Markusfassung nicht recht plausibel, da ja ihr Mann Herodes Gegenstand der Täuferkritik ist (Mk 6,17 f.), nicht eigentlich sie. Zudem hat schon Matthäus hier korrigieren wollen, wenn er dem Herodes Antipas selbst das Interesse zuschreibt, den Täufer zu beseitigen (Mt 14,5). Das Motiv der rachsüchtigen Frau ist auch sonst belegt und könnte bei einer Frau aus dem Geschlecht Herodes des Großen schon deswegen entstehen, weil die Herodäerinnen in der Umwelt Palästinas damals in schlechtem Rufe standen. Von Herodäerinnen ist jedenfalls bekannt, dass sie sich in juristische Verfahren einmischten und über Leben und Tod von Angeklagten mit entschieden (so die Schwester des Agrippa II., Berenike, in Apg 25,13 ff.; 26,30 f. bzw. Josephus, Vita 242.355).

b) Eine sekundäre Motivanreicherung wird auch bei dem Erzählelement der tanzenden Tochter zu finden sein, deren Namen wir nur aus Josephus kennen: Salome (Ant. 18,136). Dabei soll wohl der Tanz der Königstochter bei einem Gastmahl dazu dienen, Herodäerinnen eine zweifelhafte Moral anzudichten. Denn Männer beim Gastmahl durch Tanz zu unterhalten, war das Geschäft von Dirnen und wo Frauen bei Gastmählern von Männern auftauchen, spielt durchweg der Gedanke an sexuelle Kontakte eine Rolle. Jedenfalls war es bei den Griechen nicht Brauch, dass Frauen bei einem Männergastmahl Platz nahmen.

c) Zu erwähnen ist schließlich das Motiv der freigestellten Bitte. Herodes Antipas gibt ja an seinem Geburtstag den Honoratioren, den hohen Offizieren und Vornehmen Galiläas, ein opulentes Gastmahl, bei

Abb. 8: Tanz der Salome, Bronzetür von Klaus Ringwald, Münster zu Villingen (1983)

dem die Tochter der Herodias tanzt, was Herodes und den Mahlgenossen so sehr gefällt, dass der hier als König auftretende Herodes dem Mädchen verspricht: »Was immer du verlangst, werde ich dir geben bis zur Hälfte meines Königreiches« (Mk 6,23). Dieses Motiv findet sich nun mehrfach in der Antike. Herodot IX, 108–113, berichtet vom persischen König Xerxes, der seiner Geliebten verspricht, ihr alles, was sie wolle, zu gewähren. Besonders das alttestamentliche Buch Ester variiert das Thema. Als der persische König die Schönheit der Königin Ester sieht, will er ihr (wie in Mk 6,23) die Hälfte des Königreiches schenken, wenn sie ihn darum bittet (Est 5,3.6; 7,2). Auch im zeitgenössischen Judentum kursierte eine entsprechende Geschichte: Agrippa I. veranstaltet in Rom für den Kaiser Caligula ein Gastmahl, bei dem dieser dem Agrippa einen Wunsch freistellt, den er dazu benutzt, beim Kaiser um den Widerruf des Befehls zu bitten, den Jerusalemer Tempel durch den Kaiserkult zu entweihen (Josephus, Ant. 18,289–297). Diese Beispiele zeigen, wie verbreitet das Motiv der freigestellten Bitte war und wie volkstümliche Überlieferung es aufgreifen konnte, um sich die näheren Umstände des Todes des Täufers am Hofe des Herodes Antipas auszumalen.

Es wird bei der Einschätzung bleiben, dass Mk 6,17 ff. bei seiner legendarischen Erzählweise die jeweils persönlichen Gründe für die Hinrichtung des Täufers bei den dominanten Erzählfiguren in den Vordergrund schiebt (etwa das Motiv der bösartigen bzw. rachsüchtigen Frau) und dabei die politischen Umstände verschweigt. Geschichte, reduziert auf die privat-persönliche Ebene, entspricht eben eher dem Geschmack der Zeitgenossen, die die Neugier am höfischen Leben treibt, das ihrem unmittelbaren Zutritt ansonsten verschlossen bleibt. Klatschgeschichten über höfisches Leben sind ja auch heute noch Dinge, die das Interesse der Leute beflügeln.

2. Johannestaufe – christliche Taufe. Zum Ursprung der frühchristlichen Taufe

Johannes der Täufer hat auf seine Zeitgenossen einen großen Eindruck gemacht: sicherlich auf Jesus von Nazaret, der sich von ihm taufen ließ (Mk 1,9–11), auf ganz andere Art auf Herodes Antipas, der ihn wegen kritischer Äußerungen an seiner Eheschließung hat enthaupten lassen (Mk 6,17 ff.) – besonders auf jüdische Volkskreise, die sogar nach seinem Tode von seiner Bedeutung fasziniert waren, wenn sie im Wirken Jesu die Kraft des getöteten Johannes des Täufers am Werke sahen, der angeblich von den Toten auferweckt sei (Mk 6,14). Von besonderer geschichtlicher Bedeutung wäre das Wirken des Johannes aber dann, wenn seine Taufe, die ihm wegen ihrer Eigentümlichkeit (Taufe durch den Täufer statt Selbsttaufe) den Beinamen »der Täufer« verlieh, gleichzeitig den Ursprung der frühchristlichen Taufe darstellen würde. Denn bei der Frage nach der Entstehung der christlichen Taufe steht man ja vor dem seltsamen Phänomen: Jesus selbst hat wohl nicht getauft – aber schon die Jerusalemer Urgemeinde hat die Taufe als kirchliche Selbstverständlichkeit praktiziert. Hat die Urgemeinde etwas ganz Neues geschaffen, wenn sie auf den Namen Jesu Christi getauft hat (Apg 2,38.41), wofür eigentlich nichts spricht, oder hat sie auf die Praxis Johannes des Täufers zurückgegriffen? Im letzteren Fall müsste man Gründe angeben können, warum die früheste Kirche an eine Institution anknüpfte, der Jesus selbst nicht gefolgt war.

Gegen eine Taufpraxis Jesu spricht, dass die synoptischen Evangelien diese nicht kennen. Dagegen kann die Notiz in Joh 3,22 und 4,1 nicht greifen, weil sie isoliert dasteht und in 4,2 bereits eine Korrektur erfährt. Jedenfalls bekommen in der alten Komposition der vorösterlichen Jüngeraussendung, die sowohl in Mk 6,7–13 als auch in der Logienquelle überliefert ist (Mt 10,1 ff. par Lk 10,1 ff.), die Jünger Jesu den Auftrag, die Nähe der Gottesherrschaft zu verkünden und Kranke zu heilen, nicht aber die Weisung, eine Taufe zu verkünden oder selbst zu taufen. Die Jüngeraussendung überträgt den Jüngern in etwa das, was Jesus selbst getan hat, eben nicht das Taufen, weswegen der Schluss nahe liegt: Jesus hat nicht getauft. Im Übrigen passt die Umkehrtaufe des Johannes nicht zum Grundtenor der Verkündigung Jesu. Dabei gilt: Johannes tauft, Jesus vollbringt Heilungstaten. Die Taufe des Täufers geschieht angesichts des kommenden Gerichts, vor dem sie bewahren soll, die Heilungswunder Jesu geschehen im Hinblick auf das kommende Heil, das in ihnen schon ansatzweise realisiert wird. Die Dominanz des Heiles angesichts der bereits anbrechenden Gottesherrschaft macht einen Akt wie die Johannestaufe wohl überflüssig.

Warum aber übernimmt die Urkirche eine Taufpraxis, wenn Jesus nicht getauft und seine Jünger nicht zur Taufe aufgefordert hat? Jedenfalls erwähnt Apg 2,38.41 die urchristliche Taufpraxis recht unvermittelt. Sie auf einen Befehl des Auferstandenen zurückzuführen und sie in der Osterüberlieferung zu verankern, gelingt nicht, weil die Texte, die dafür in Frage kommen, relativ spät sind und gerade nicht der frühesten Gemeindetradition entstammen. Mk 16,16 samt seinem Kontext gelangte erst im 2. Jahrhundert als Anhang zum ursprünglichen Text des Markusevangeliums, das mit 16,8 endet; Mt 28,19 ist traditionsgeschichtlich ebenfalls recht spät, insofern der dortige Missionsbefehl bereits die Heidenmission voraussetzt.

Zu Recht besteht aber in der Forschung ein weitgehender Konsens, dass Johannestaufe und christliche Taufe religionsgeschichtlich zusammengehören. Drei Elemente verbinden beide Handlungen so miteinander, dass die Konsequenz sich aufdrängt: Beide Taufen haben Entscheidendes gemeinsam: a. Die Johannestaufe ist keine Selbsttaufe; charakteristisch ist das Gegenüber von Täufer und Täufling. b. Sie richtet sich an Israel, das zur Umkehr gerufen wird. c. Die Taufe ist ein einmaliger Akt, kein wiederkehrendes Angebot an Israel. Alle drei Aspekte prägen auch die frühchristliche Taufe: Für sie gelten das Gegenüber von Täufer und Täufling, die Ausrichtung auf Israel und ihre absolute Einmaligkeit. Neu ist an der frühchristlichen Taufe: Aus der Taufe des Johannes ist eine Taufe im Namen und auf den Namen Jesu geworden (Apg 2,38; 8,16; 10,48; Röm 6,3; Gal 3,27). Der Täufling wird jetzt durch die Taufe in die Erlösung hineingestellt, die mit Jesus Christus gekommen ist. Es bleibt aber die Frage noch unbeantwortet, warum die Urgemeinde dazu überging, auf die Johannestaufe überhaupt zurückzugreifen, wenn doch ihr Herr, nämlich Jesus Christus, die Johannestaufe wahrscheinlich nicht praktiziert hat und auch nicht die Jünger dazu aufgefordert hat, sie zu vollziehen.

Der Leser wird sich erinnern: Die Wassertaufe, die der Prophet Johannes verkündete, galt als letzte Rettungsmöglichkeit, um unversehrt durch das nahe bevorstehende Gericht Gottes hindurchzukommen; sie sollte die Umkehrbereiten vor dem vernichtenden

Feuergericht bewahren. Sie war von ihrem Wesen her einmalig, weil sie im Kontext der eschatologischen Verkündigung des Täufers stand, der mit dem baldigen Ende rechnete: »Schon ist die Axt an die Wurzel der Bäume gelegt« (Mt 3,10 par Lk 3,9). Wenn nun die Urgemeinde daran ging, eine verwandte Wassertaufe als einmalige letzte Rettungsmöglichkeit anzubieten, umgeprägt allerdings durch den Bezug auf das christologisch bestimmte Heilsgeschehen (»Taufe auf den Namen Jesu«), so muss der Grund darin liegen, dass für die Urgemeinde eine ähnliche eschatologische Grundstimmung vorherrschte wie bei Johannes.

Die früheste Gemeinde lebte in einer entsprechenden Naherwartung wie Johannes. Im Gottesdienst erklang der von der Sehnsucht nach der Wiederkunft Jesu geprägte Bittruf: »*Maranatha* – komm, Herr Jesus!« (1 Kor 16,22; Offb 22,20). Obwohl gerade der urchristliche Gottesdienst von der Geisterfahrung als Erfahrung göttlicher Nähe bestimmt war, stand doch wohl jede Herrenmahlsfeier in der spannungsvoll erlebten Zeit zwischen Auferstehung Jesu und seiner dringlich erwarteten Wiederkunft. In der alten Herrenmahlsüberlieferung heißt es dementsprechend: »Sooft ihr dieses Brot esst und den Becher trinkt, verkündigt ihr den Tod des Herrn, bis dass er kommt.« (1 Kor 11,26). Die am Schluss stehende zeitliche Bestimmung spielt auf den Bittruf »Komm, Herr Jesus!« an. Sie enthält ein finales Element; sie fleht den Eintritt der Parusie drängend herbei. Die frühe Gemeinde feiert also das Herrenmahl, »bis (das Ziel erreicht ist, daß) Er kommt.«[42] Sind diese Überlegungen richtig, so prägt

---

42 J. Jeremias, Die Abendmahlsworte Jesu, Göttingen ^{3}1960, 244; vgl. auch Ch. Wolff, Der erste Brief des Paulus an die Korinther, ThHKNT 7, Leipzig 1996, 275.

diese Gemeinde trotz gegenwärtiger Heilserfahrung im Erlebnis des Geistes ein defizitäres Element; sie lebt noch im sehnsuchtsvollen Wartestand der Zukunft. Dazu tritt die Erwartung des ausstehenden Endgerichts, das endgültig über das eschatologische Schicksal entscheidet. Noch Paulus aktualisiert ja gerade im Blick auf das Herrenmahl den Gerichtsgedanken, »damit wir nicht zusammen mit der Welt gerichtet werden.« (1 Kor 11,32; vgl. überhaupt 1 Kor 11,27–32). Der Gerichtsernst bei der Erwartung des kommenden Herrn prägt also sicherlich die Haltung der frühen Christen. Man kann deshalb nicht pauschal urteilen: »Jesus und die erste urchristliche Generation gehen darin zusammen, daß sie die Gegenwart zum Ort der Erfahrung göttlicher Nähe machen...«[43] Die früheste Gemeinde vermag wohl nicht in derselben Weise wie Jesus von der Nähe, ja Gegenwart des Heils zu sprechen. Vielmehr ist sie ähnlich wie Johannes von der dominanten Ausrichtung auf die nahe Zukunft bestimmt, wobei die Erwartung des Endgerichts eine entscheidende Rolle spielt. Diese Anfangssituation nach Ostern und Pfingsten mit ihrer eschatologischen Konstante deckt sich wahrscheinlich mit der Situation, beziehungsweise dem Situationsverstandnis des Täufers so, »daß es nicht verwundern kann, wenn die Urgemeinde gerade auf das entscheidende Instrument des Täufers zur eschatologischen Sammlung und Versiegelung Israels zurückgreift – auf die Taufe.«[44] Sie ist erneut wirkmächtiges Zeichen der Sündenvergebung und der Errettung im Blick auf das nahe Ende.

43 J. Becker, Das Urchristentum als gegliederte Epoche, SBS 155, Stuttgart 1993, 37.

44 G. Lohfink, Der Ursprung der christlichen Taufe, in: Ders., Studien zum Neuen Testament, SBAB 5, Stuttgart 1989, 189.

Jesus konnte die Johannestaufe nicht übernehmen, weil sie zu sehr von der Dominanz des drohenden Zorngerichts Gottes geprägt war und eben nicht von der Überzeugung, dass die Gottesherrschaft jetzt schon, wenn auch ansatzweise und episodal anbricht. Die Urgemeinde musste hier wohl eine deutliche Akzentverschiebung hinnehmen, so dass sich der Rückgriff auf die Umkehrtaufe des Johannes nahe legte (Apg 2,38). Ihre Taufe ist jetzt aber nicht nur Rettungsmöglichkeit angesichts des nahen Gerichts, sondern sie ist positiv zeichenhafte Übereignung des Heils, das Jesus konstituiert hat. Sie ist Taufe auf den Namen Jesu Christi. Damit ist sie geprägt von der Überzeugung des »Schon« und »Noch nicht«: *Schon* sind die Getauften mit dem Geist begabt, haben das »Angeld des Geistes« erhalten (Röm 8,23; 2 Kor 1,22), *noch* aber erfahren sie Heil und Rettung im Status des Hoffens. Im rituellen Geschehen der Taufe wird ihnen die Bedeutung des Christusgeschehens zugeeignet, die endgültige Erlösung steht allerdings noch aus. Die frühzeitige Installierung der Taufe in den christlichen Gemeinden wird diesem Aspekt des »Noch-nicht« entsprochen haben; an diesem Punkt findet sich eine gewisse Übereinstimmung zwischen dem eschatologischen Situationsverständnis der frühen Christen mit dem des Täufers und seiner Anhänger.

Möglicherweise findet sich in der Übung des Fastens eine ähnliche Entwicklung wie bei der Taufpraxis, so dass hier eine Parallelerscheinung vorliegt. Johannes der Täufer hat im Unterschied zu Jesus ein Bußfasten geübt, wie schon die Gegenüberstellung zeigt (Mt 11,18 f. par Lk 7,33 f.):

»... Johannes ist gekommen. Er aß und trank nicht ...
Der Menschensohn ist gekommen. Er isst und trinkt ...«

Über die Frage des Fastens, das wohl ein Bußgestus angesichts des drohenden Zornesgerichts war, ist es in der frühen nachösterlichen Gemeinde zu einem Streit gekommen zwischen Johannesanhängern, die dieses Fasten weiterhin praktizieren wollten, und Jesusjüngern, die mit Berufung auf ihren Meister davon Abstand nahmen. Das dem jetzigen Markustext zu Grunde liegende Streitgespräch lautet etwa so (Mk 2,18.19a.21.22):[45]

»Und sie kommen und sagen:
›Weswegen fasten die Jünger des Johannes,
deine Jünger aber fasten nicht?‹
Und es sagte ihnen Jesus:
›Können etwa die Söhne des Brautgemachs fasten?
Niemand näht einen Flicklappen eines ungewalkten Stoffes
auf einen alten Mantel...
Und niemand wirft jungen Wein in alte Lederschläuche...‹«

Bei diesem Text weist die Gattung Apophthegma, in der diese Auseinandersetzung überliefert ist, auf eine Diskussionssituation im Bereich der christlichen Gemeinde, die allerdings authentische Jesustradition als Argumentationsbasis übernimmt. Mit Berufung auf Jesusworte wird das Bußfasten als unangemessene Reaktion auf die angebrochene Heilszeit zurückgewiesen; denn Hochzeitsgäste fasten nicht.

Bei dieser Position ist die christliche Gemeinde, die das zitierte Streitgespräch tradiert hat, aber nicht geblieben. In Mk 2,20 wird ein erneutes Fasten angekündigt, das auf eine konkrete urchristliche Fastenpraxis verweist:

»Es werden aber Tage kommen, wenn der Bräutigam von ihnen genommen ist, und dann werden sie fasten an jenem Tage.«

---

45 Rekonstruktion nach M. EBNER, Jesus ein Weisheitslehrer? HBS 15, Freiburg u. a. 1998, 189–191.

Das Fasten in Mk 2,20 bringt eine neue Nuance ein und verändert die Problemlage insofern, »als die Differenzierung der Heilszeit in eine Periode mit und eine Periode ohne den Bräutigam zu je anderer Reaktion veranlaßt.«[46] Die Zeit nach der »Wegnahme« Jesu konnte anscheinend von christlichen Gruppen so verstanden werden, dass die Heilszeit doch noch nicht angebrochen ist. Damit ergab sich eine tatsächliche Parallele zur Atmosphäre im früheren Täuferkreis. Dementsprechend wird das Bußfasten als das dieser Sachlage (vor dem Endgericht) angemessene Verhalten erneut eingefordert. Die nach Ostern und Pfingsten verstärkt einsetzende Orientierung am drohenden Endgericht dürfte eine wichtige Voraussetzung dafür gewesen sein, dass die frühe Gemeinde die Johannestaufe übernahm und da und dort (bei einzelnen Gemeindegruppen) auch das Bußfasten erneut praktizierte. Das Letztere wird allerdings erst später erfolgt sein und keinesfalls als generelle Haltung gegolten haben.

3. Das Bild Johannes des Täufers in der christlichen Sicht der Evangelien

Hat bei den bisherigen Überlegungen immer auch das Bild, das man sich von Johannes dem Täufer bei den Zeitgenossen gemacht hat, eine Rolle gespielt, so ist doch die leitende Frage gewesen: Welche Figur war der historische Täufer wirklich? Wie stellt sich uns das Bild des Täufers bei historischer Nachfrage dar? Bestimmendes Interesse verlangte etwa die Frage nach der authentischen Gerichtspredigt des Johannes, wie sie uns in Mt 3,7–10 par Lk 3,7–9 begegnet. Obwohl

46 A. a. O., 198.

manches Detailergebnis hypothetisch bleiben musste, schien es doch möglich zu sein, ein ungefähres Bild zu zeichnen. Jedenfalls sollte man sich von der hyperkritischen Einstellung frei machen: »Wer in den Evangelien nachliest, erfährt nicht, wer der Täufer war, sondern nur, wie ihn die Verfasser gesehen und verstanden haben.«[47] Im Folgenden geht es vor allem darum, welches Bild die christlichen Gemeinden von Johannes dem Täufer besaßen, d. h. wie sie ihn in ihrem Vorstellungshorizont gedeutet haben. Im Vordergrund stehen dabei natürlich die vier Evangelien, die jeweils ein anders nuanciertes Porträt gezeichnet haben. Eines ist jedenfalls wichtig: Für die frühchristlichen Gemeinden, und damit auch die Evangelien, ist Johannes eine bedeutsame Gestalt gewesen – nicht aus irgendeinem isolierten historischen Interesse, sondern immer im Bezug auf Jesus, der für die christlichen Gemeinden der Christus, der Sohn Gottes, war. Drei Gründe für das frühchristliche Interesse am Täufer können von vornherein Erwähnung finden: 1. Man wusste mehr oder weniger deutlich, in welch enger geschichtlicher Verbindung Jesus von Nazaret zu Johannes gestanden hat. 2. Man interpretierte diese Verbindung alsbald in theologischen Kategorien, wenn man in Johannes den Wegbereiter oder Vorläufer Jesu sah, der von Gott zu dieser Rolle bestimmt war. 3. Man sah sich da und dort mit der Verehrung konfrontiert, die Johannes der Täufer in konkurrierenden nichtchristlichen, d. h. jüdischen Anhängerkreisen des Täufers gefunden hatte, mit denen man sich auseinander setzen musste, zu denen man jedenfalls durch ein eigenes Täuferbild Stellung beziehen musste. Der älteste Evangelist Markus referiert z. B. noch eine jüdische Volksmeinung,

47 J. Ernst, Johannes der Täufer, V.

wonach viele Leute eine Zeit lang glaubten, in der Gestalt Jesu sei der getötete Täufer wiedererstanden und wirke erstaunlicherweise viele Wunder (Mk 6,14).

Für die frühchristlichen Gemeinden war Johannes eine Person, die schon deshalb das theologische Nachdenken anregte, weil sie zusammen mit Jesus am eschatologischen Umbruch der Zeiten zu stehen schien, den man als Anbruch der Gottesherrschaft oder als letzte Zeit vor dem Ende zu erleben glaubte. Einerseits hat man dabei zu berücksichtigen: Johannes der Täufer wurde nur um seines jüngeren Zeitgenossen Jesus von Nazaret willen in die Evangelien aufgenommen; zugespitzt könnte man geradezu sagen: Ohne die Taufe Jesu durch Johannes wäre dieser christlicherseits vergessen – nur eine gleichgültige Nebenfigur der jüdischen Geschichte, von dem Historiker Josephus aufgezeichnet. Andererseits aber ist der untrennbare Zusammenhang von Johannes und Jesus evident. Jesus hat vor seinem selbstständigen Auftreten Kontakte mit Johannes gehabt, ja sich von ihm taufen lassen. Besondere Aspekte seiner Verkündigung wie seine Gerichtspredigt sind ohne Verbindung zu Johannes nicht vorstellbar. Die frühchristliche Theologie der Evangelien hat diesen Sachverhalt auf ihre eigene Weise begriffen und durch die Zuordnung des Täufers zum Anfang des Evangeliums von Jesus Christus deutlich gemacht. Das ist je nach Auffassung des einzelnen Evangeliums anders ausgefallen. Und in der Tat: Das Bild, das sich die frühchristliche Nachwelt von Johannes dem Täufer gemacht hat, ist facettenreich ausgestaltet. Es ist einerseits von Verehrung geprägt, andererseits aber auch von dem Versuch bestimmt, sich von ihm christologisch abzugrenzen. Immer aber gilt: »In jedem Bilde, das von dem Täufer entworfen wird – mag es von den ältesten oder den neuesten

Darstellungen geschehen – ist noch etwas von der geistigen Macht spürbar, die in der ursprünglichen Gestalt lebendig war, und selbst in der Legende wohnt, wenn auch noch so tief verborgen, das Geheimnis des Mannes, den es hier zu erforschen gilt.«[48]

3.1. Das Täuferbild in der Logienquelle

Unter der Logienquelle Q ist jene frühe Sammlung von Sprüchen Jesu zu verstehen, deren Existenz sich auf Grund des Tatbestandes nahe legt, dass sich bei Matthäus und Lukas eine große Zahl von Sprüchen findet, die im Wortlaut nahezu übereinstimmen und deren gleichzeitiges Vorkommen bei diesen beiden Evangelien (über Markus hinaus) sich am besten erklärt, wenn diese Sprüche auf eine schriftliche Quelle zurückgehen, die Matthäus und Lukas unabhängig voneinander vorgelegen hat. Nach der sog. Zweiquellentheorie ist diese Logienquelle Q eine der beiden Quellenschriften (neben Markus) gewesen, die Matthäus und Lukas bei der Komposition ihrer Evangelien benutzt haben.

Der Textbestand von Q kann nur aus dem Vergleich von Matthäus und Lukas und deren gemeinsamen Stücken (unabhängig von Markus) erschlossen werden. Dabei zeigt sich, dass dieser Matthäus und Lukas gemeinsame Bestand an Sprüchen mit Worten Johannes des Täufers einsetzt, nicht mit Jesusworten. Diese Spruchquelle beginnt also mit Worten des Johannes des Täufers, ansonsten konzentriert sie sich allerdings auf Jesusworte. Es scheint in der Tat so zu sein, dass der chronologische Aufriss der Spruchquelle Q inso-

48 E. LOHMEYER, Das Urchristentum. 1. Buch: Johannes der Täufer, Göttingen 1932, 12.

fern mit dem der synoptischen Evangelien übereinstimmt, dass die Gestalt Johannes des Täufers jeweils an den Anfang der Stoffanordnung gehört. Fragt man zusammenfassend nach den Q-Sprüchen, die Johannes den Täufer betreffen, so ergibt sich folgende Zusammenstellung:

1. Worte und Sprüche des Täufers:

Mt 3,7–12 par Lk 3,7–9.16–17

2. Worte Jesu über die heilsgeschichtliche Rolle des Täufers:

Täuferanfrage und Antwort Jesu:

Mt 11,2–6 par Lk 7,18–23

Jesu Zeugnis über den Täufer:

Mt 11,7–11 par Lk 7,24–28;
Mt 11,12–13 par Lk 16,16

Gleichnis von den eigensinnigen Kindern:

Mt 11,16–19 par Lk 7,31–35.

Bei diesen Texten ist zu unterscheiden zwischen dem Aussagesinn, den sie als ursprüngliche, der Spruchquelle Q bereits vorgegebene Einheiten haben, und ihrer Bedeutung innerhalb der Sammlung von Q. Zwar wird man zwischen beiden Aspekten nicht allzu große Unterschiede sehen müssen, weil die redaktionelle Aufnahme der vorgegebenen Texte in Q deren ursprünglichen Sinn nicht verfälscht hat; dennoch wird das Hauptgewicht der folgenden Ausführungen darin bestehen, das Bild Johannes des Täufers versuchsweise zu rekonstruieren, das sich die Komposition der Spruchquelle von diesem Propheten gemacht hat.

Blickt man zunächst auf die Gerichtspredigt, die Q überliefert (Mt 3,7–10 par Lk 3,7–9), so zeigt sich, dass die Logienquelle diese Gerichtsankündigung des historischen Täufers ohne Korrektur aufgreift. Sie richtet sich unverändert an die Kinder Abrahams, an Israel, d. h. auch für Q besitzt die Naherwartung des Täufers noch Gültigkeit. Die urchristlichen Kreise, die hinter der Spruchquelle stehen, sehen das angeredete Israel unmittelbar vom Gericht bedroht. Das Bildwort von der Axt, die schon an die von der Erde freigelegte Wurzel des Baumes angelegt ist, veranschaulicht, welche Aktualität die Gerichtsaussage weiterhin besitzt. An die eigentliche Gerichtspredigt, die gleichwohl einen Umkehrruf darstellt, schließt sich die Ankündigung des Feuerrichters an (Mt 3,11 f. par Lk 3,16 f.). Im Munde des historischen Täufers dürfte dieses Wort, wie oben ausgeführt, gelautet haben:

»Ich taufe euch mit Wasser;
der aber [...] kommt, ist stärker als ich,
ich bin nicht wert, ihm seine Sandalen zu bringen;
er wird euch mit [...] Feuer taufen.«

Auf der Überlieferungsstufe von Q (oder schon vorher) werden frühchristliche Kreise die letzte Zeile des voranstehenden Texts so ergänzt haben:

»... er wird euch *mit heiligem Geist* und Feuer taufen.«

Gleichzeitig geschieht eine christologische Umformung: »... der aber *nach mir* kommt, ist stärker als ich.« Q ist auf andere Weise als der historische Täufer an der Person des Richters interessiert; er identifiziert ihn mit dem irdischen Jesus, der als Menschensohn-Richter kommen wird. Diese Ausrichtung auf Jesus als den kommenden Menschensohn ist in Q etwas gänzlich Neues im Vergleich zum historischen Täufer, der in dem Feuertäufer wahrscheinlich Gott gesehen hat. Die christologische Umformung, die Q vornimmt, zeigt sich auch daran, dass sich in der Spruchquelle an die Gerichtsankündigung die sog. Täuferanfrage anschloss (Mt 11,2–6 par Lk 7,18–23). Über die dazwischen gestellten Berichte hinweg (Versuchung Jesu Mt 4,2–10 par Lk 4,2–12; Krankenheilung Mt 8,5–13 par Lk

7,2–10) greift die sog. Täuferanfrage (»Bist du der Kommende?«) auf die vorausgehende Ankündigung des »Kommenden« zurück (Mt 3,11 f. par Lk 3,16 f.). Mit dieser Anfrage an Jesus: »Bist du der Kommende oder sollen wir auf einen anderen warten?« wird der Bogen nach rückwärts geschlagen zu der vorausgehenden Ankündigung des Geist-Feuer-Richters, der nach Johannes dem Täufer kommen wird (Mt 3,11 f. par Lk 3,16 f.). Der kommende Richter wird in Q betont mit Jesus identifiziert. Johannes aber ist nicht wert, dessen Sandalen zu tragen (Mt 3,11 par Lk 3,16). Für die Spruchquelle wichtig ist also die Erkenntnis, dass im Zuge der christologischen Identifizierung des Richters der Täufer zum Vorläufer Jesu wird, der als der Menschensohn-Richter wiederkommen wird.

Vorläufer Jesu bedeutet aber noch nicht eine dezidierte Unterordnung unter diesen, wie es später das Markusevangelium oder besonders das Johannesevangelium auffasst. Bei Q hat das Auftreten des Täufers noch ein besonderes Eigengewicht, insofern er nicht nur den kommenden Stärkeren, der mit Geist taufen wird, ankündigt, sondern selbst eine Gerichtspredigt hält (Mt 3,7–10 par Lk 3,7–9) und in der Wassertaufe die Möglichkeit eröffnet, in der Geist- und Feuertaufe des kommenden Richters zu bestehen. Im Sinne von Q schärft Johannes (wie schon der historische Täufer) Israel die Notwendigkeit der Umkehr ein, um Israel damit – und das ist neu in Q – auf die anbrechende Gottesherrschaft vorzubereiten. Damit bleibt die Gerichtsbotschaft für die Logienquelle in ihrem ganzen Ernst bestehen. Aber ein weiterer Gesichtspunkt tritt hinzu. Wenn die Täuferanfrage an Jesus »Bist du der Kommende?« an die Ankündigung desselben in Mt 3,11 par Lk 3,16 anknüpft und den »Kommenden« mit dem irdischen Jesus und seinem gegenwärtigen Wirken identifiziert (Mt 11,2–6 par Lk 7,18–23), so macht die Spruchquelle durch ihre Kompositionsarbeit deutlich: Bereits als Bringer der eschatologischen Heilszeit, sichtbar an den Wundertaten, ist Jesus der vom Täufer angekündigte »Kommende«, nicht erst als Feuerrichter. Auf diese anbrechende Heilszeit weist der Text der Jesusantwort hin (Mt 11,4–6 par Lk 7,22–23), wenn sie die Erfüllung der Jesajaverheißung im Wirken Jesu konstatiert und in seinem Wirken den vom Täufer angekündigten Stärkeren, der nach ihm kommt, sieht. Johannes ist in der Konzeption von Q nicht nur Vorläufer, sondern Wegbereiter Jesu, was gerade auch mit Hilfe des Zitats von Mal 3,1 und Ex 23,20 in Mt 11,10 par Lk 7,27 eindrücklich gemacht wird:

»Dieser ist, über den geschrieben ist: Siehe, ich sende meinen Boten vor dir her, der deinen Weg vor dir bereiten wird.«

In der Aufnahme dieser Zitatkombination durch Q (im Anschluss an Jesu Zeugnis über den Täufer Mt 11,7–9 par Lk 7,24–26) drückt sich noch keine Unterordnung des Täufers unter Jesus aus; denn das Zitat will Johannes den Täufer, der direkt vorher die größte Hochachtung erfährt (»mehr als ein Prophet« Mt 11,9 par Lk 7,26), an dieser Stelle nur heilsgeschichtlich einordnen, indem es ihn zum von Gott bestellten Wegbereiter Jesu erklärt. Anders später das Markusevangelium: Dort leitet dieselbe Zitatkombination die ganze Darstellung des Evangelisten über den Täufer ein (Mk 1,2); sie bekommt grundsätzliche Funktion im Sinne der christlichen Unterordnung des Täufers unter Jesus.

Dass dies nicht der Intention von Q entspricht, Q vielmehr von einer prinzipiellen Hochachtung des Täufers bestimmt ist, zeigt die Fortsetzung der Rede Jesu über den Täufer in Mt 11,11–13 par Lk 7,28; 16,16. Der erste Satz, der Johannes zum Größten unter den

Menschen erklärt, ihn paradoxerweise gleichzeitig als Kleinsten in der Gottesherrschaft ansieht, will nicht eine abwertende Unterordnung des Täufers unter Jesus aussprechen, sondern seine von Jesu Rolle unterschiedene Funktion im Blick auf die Gottesherrschaft herausstellen (Mt 11,11 par Lk 7,28). Welche Bedeutung die Spruchquelle diesem Satz beimisst, ist allerdings schwer abzuschätzen. Er ist als wahrscheinlich ursprünglicher Einzelspruch (Jesustradition!) Q bereits vorgegeben und in Q wohl als differenzierte Hochschätzung des Täufers verstanden.

Die folgenden Sätze Mt 11,12 f. par Lk 16,16 arbeiten diesen Gedanken noch stärker heraus, wenn man trotz aller bleibenden Unsicherheit in der Textrekonstruktion annimmt, dass Mt den Q-Text noch am ehesten bewahrt hat, während Lk 16,16 lukanischer Tendenz entspricht (»heilsgeschichtliche Epocheneinteilung«). Nach Mt 11,12 f. spielt Johannes in Hinsicht auf den Anbruch der Gottesherrschaft eine bedeutsame Rolle, wenn ihm die Funktion zukommt, das von »allen Propheten und dem Gesetz« geweissagte Kommen der Gottesherrschaft einzuleiten. Der Text sagt ja:

> »Von den Tagen Johannes des Täufers bis jetzt erleidet das Himmelreich Gewalt, und Gewalttätige nehmen es weg. Alle Propheten und das Gesetz haben ja geweissagt bis auf die Zeit des Johannes hin.«

Das heißt, ihre Prophetie bezog sich auf die Zeit des Johannes, mit dem die Erfüllung ihrer Verheißung beginnt.[49] Man hat deshalb geradezu formuliert: »Johannes ist das Ziel der prophetischen (und gesetzlichen) Verkündigung, er ist aber auch der Anfang und der Promotor der Endzeit, die in der Gegenwart der

---

49 Vgl. P. Hoffmann, Studien zur Theologie der Logienquelle, NTA NF 8, Münster 1972, 60 f.

hinter Q stehenden Gemeinde (»bis jetzt«) ihren entscheidenden Kulminationspunkt gefunden hat.«[50]

Nach dem Zeitverständnis von Q scheint nicht erst mit Jesus, sondern bereits mit Johannes die Aufrichtung der Gottesherrschaft einzusetzen, weswegen ihr seitdem Gewalt angetan werden kann.[51] Gewiss ist Jesus in der Gottesherrschaft entschieden größer als Johannes; nur so wird seine Rolle als der geweissagte »Kommende« bekräftigt. Aber Johannes ist der entscheidende Vorbereiter des »Kommenden« (Mt 3,11 par Lk 3,16), weswegen es im Sinne von Q heißen kann, er sei »mehr als ein Prophet« (Mt 11,9 par Lk 7,26) – eine Aussage, die Q bewusst aus der authentischen Jesustradition übernimmt.

Der hier vorgelegte Versuch, die Rolle Johannes des Täufers in der Sichtweise der Spruchquelle näher zu bestimmen, ist mit Risiken behaftet, weil der ursprüngliche Q-Text hinter Mt 11,12 f. par Lk 16,16 unsicher bleibt. Die gewichtige positive Rolle, die Johannes dem Täufers nach dieser Rekonstruktion zukommt, könnte als zu stark »matthäisch« gelten, d. h. eher der Redaktion des Matthäusevangeliums entsprechen als der Spruchquelle, die angeblich eine recht zwiespältige Bewertung des Täufers vornimmt und ihn von der Zeit der Gottesherrschaft deutlich trennt. Doch ist mit der Möglichkeit zu rechnen, dass die Spruchquelle der Matthäussicht vorgearbeitet hat. Matthäus zeigt die Tendenz, den Täufer zu verchristlichen und mit dem Gottesreich zu verbinden. Johannes und Jesus gehören nach dem Matthäusevangelium zusammen, was sich etwa daran zeigt, dass Johannes und Jesus denselben

---

50 J. Ernst, Johannes der Täufer, 66.

51 J. Schröter, Jesus und die Anfänge der Christologie, BThSt 47, Neukirchen-Vluyn 2001, 80.

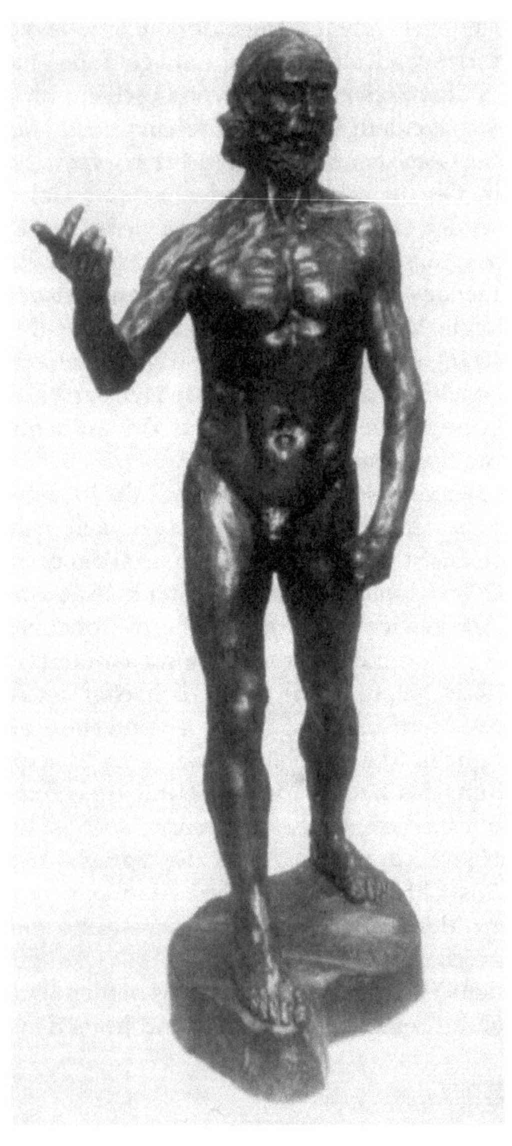

Abb. 9: Johannes der Täufer, Bronze, Auguste Rodin (um 1880)

Umkehrruf aussprechen und in derselben Weise von der Nähe der Himmelsherrschaft predigen (Mt 3,2; 4,17). So weit geht die Sichtweise der Spruchquelle keinesfalls. Johannes ist nur der entscheidende Vorbereiter des »Kommenden«, im Blick auf die Gottesherrschaft ist seine Bedeutung aber derjenigen Jesu untergeordnet. Gleichwohl gehören Jesus und Johannes für Q zusammen, insofern sie beide Boten der Weisheit sind, die beide von Israel Ablehnung erfahren, dennoch aber darin unterschieden sind, dass Johannes durch seine Umkehrpredigt das Kommen Jesu vorbereitet. Trotz dieses Unterschieds werden beide Gestalten in Q parallelisiert (Mt 11,18 f. par Lk 7,33–35), was allerdings bereits im Grundsatz auf den historischen Jesus zurückgeht (s. o.):

»... Johannes ist gekommen, aß nicht und trank nicht,
und ihr sagt: Er hat einen Dämon!
Der Menschensohn ist gekommen, isst und trinkt,
ihr aber sagt: Siehe, der Mensch ist ein Vielfraß und Weintrinker,
ein Freund der Zöllner und Sünder.
Aber die Weisheit wurde von ihren Kindern gerechtfertigt.«

In der letzten Zeile findet sich die entscheidende Akzentsetzung, die die Spruchquelle gegenüber dem ihr vorgegebenen Jesuswort vornimmt. Die (göttliche) Weisheit wurde von ihren Kindern, d. h. den Angehörigen der hinter der Q-Gemeinde stehenden christlichen Gemeinde, als gerecht anerkannt, während ihre beiden Boten Ablehnung von »diesem Geschlecht« erfuhren. Die Bußpredigt des asketischen Johannes passte den störrischen Zeitgenossen in Israel nicht, und die Evangeliumspredigt Jesu passte ihnen auch nicht. Launisch und unverständig mäkelt Israel an den Boten der Weisheit, Johannes und Jesus, herum. Doch – und das ist für Q wichtig – die göttliche Weisheit wurde von ihren Anhängern als gerecht akzeptiert,

d. h. beide, Johannes wie Jesus, sind von der christlichen Gemeinde, die hinter Q steht, angenommen worden. Diese, die im Gegensatz zu »diesem Geschlecht«, Israel also, steht, hat sich zu Johannes und Jesus bekannt und für dieses Bekenntnis Verfolgung auf sich genommen (vgl. Lk 6,22 f.). Als Bote der Weisheit ordnet sich Johannes Jesus zu, als Umkehrprediger bereitet er dessen Kommen vor.

3.2. Das Täuferbild im Markusevangelium

Will man das Täuferbild nachzeichnen, das der Verfasser des Markusevangeliums entworfen hat, so ist man vor allem auf den sog. Prolog angewiesen, auf Mk 1,1–15 also, der den Beginn des ganzen Werkes darstellt. Hier finden sich grundsätzliche Bemerkungen zu Johannes in einer Dichte und theologischen Konzentration wie sonst nicht mehr im übrigen Evangelium. Auch wenn später in Mk 6,17–29 recht ausführlich über Gefangenschaft und Tod des Johannes berichtet wird, so ist dies doch mehr ein erzählerischer Rückblick, der die Neugier des Lesers befriedigt, als eine theologische Reflexion über die Rolle des Johannes im Umbruch der Zeiten, im Verhältnis zu Jesus also, mit dem »die Zeit erfüllt ist und die Gottesherrschaft nahe herbeigekommen« (Mk 1,15).

Überblickt man den Aufbau des ganzen Eingangsstückes Mk 1,1–15, so dürfte V. 1 als zusammenfassende Überschrift zu V. 2–15 anzusehen sein: »Anfang des Evangeliums von Jesus Christus, dem Sohn Gottes«. Der folgende Text besteht aus zwei Einheiten: V. 2–8 handeln vom Täufer, V. 9–15 von Jesus. Innerlich verzahnt sind beide Teile durch V. 7 f. und 14a. V. 7 f. beziehen sich auf die Verkündigung des Täufers, enthalten aber vor allem einen Hinweis auf Jesus, wenn der Täufer sagt:

»Es kommt der, der stärker ist als ich, nach mir, dessen Schuhriemen in gebückter Haltung zu lösen ich nicht würdig bin. Ich habe euch mit Wasser getauft, er aber wird euch mit heiligem Geist taufen.«

V. 14 f. schließlich weist noch einmal auf das Geschick des Täufers zurück und parallelisiert dessen Wirken mit dem Jesu, wenn die Stichwörter aus V. 4 »verkündigen« und »umkehren« wieder auftauchen (V. 14 f.).

Bevor man auf die wesentlichen Unterschiede zwischen Johannes und Jesus eingeht, die Markus herausstellt, hat man die Zusammengehörigkeit beider zu betonen, die Markus voraussetzt. Johannes gehört in der Perspektive des Markus immerhin in den Anfang des gegenwärtig aller Welt verkündigten Evangeliums, wie V. 2–8 im Zusammenhang mit der Überschrift V. 1 erkennen lässt. Er selbst ist zwar nicht der Anfang; dieser liegt in Jesu eigener Verkündigung des Evangeliums Gottes, wenn er sagt: »Die Zeit ist erfüllt und das Reich Gottes ist nahe. Kehrt um, und glaubt an das Evangelium!« (1,15). Doch ist Johannes in diesen Anfang eingebunden. Eine deutliche Zusammengehörigkeit von Johannes und Jesus verrät auch die schon kurz notierte Parallelität beider Gestalten, die sprachlich in der gleichlautenden Einleitungsformel zum Auftreten beider »es geschah« (1,4) bzw. »und es geschah in jenen Tagen« (1,9) zum Ausdruck kommt. Beide sind durch die Stichwörter »verkündigen« und »umkehren« (V. 4 und 14 f.) charakterisiert.

Besonders aber zeigt sich die Parallelität beider Gestalten, wenn der Evangelist den Täufer mit seinem gewaltsamen Lebensende als Prototypen des leidenden Menschensohnes Jesus darstellt. Vom Täufer heißt es ja: Nach seiner »Auslieferung« kam Jesus nach Galiläa, um dort zu verkündigen (V. 14). Dasselbe Wort

»ausliefern«, d. h. »den Gegnern preisgeben«, wird sich im Evangelium zu einem Terminus technicus der jesuanischen Passionsgeschichte entwickeln. Judas wird derjenige sein, der Jesus nicht eigentlich »verrät«, sondern ihn den Gegnern »ausliefert« (Mk 3,19; 14,10–11.18 u. ö.). In den Leidensankündigungen 9,31 und 10,33 ist von Jesu »Auslieferung« die Rede. Doch sorgt schon der Prolog des Markusevangeliums dafür (1,14), dass das gewaltsame Geschick des Täufers unter demselben Stichwort »Ausgeliefertwerden« Erwähnung findet und somit der Gedanke an das entsprechende Schicksal Jesu, sein Leiden und Sterben, eine bewusste Andeutung bzw. Vorausdeutung erfährt.

Mit dem Letzteren zeichnet sich bereits ab, dass die Gestalt des Täufers bei Markus (wie in den anderen Evangelien auch) kein selbständiges Eigeninteresse beansprucht. Vom Täufer wird nur um Jesu willen erzählt. Wenn beide Gestalten parallelisiert werden oder Gemeinsamkeiten auftauchen, dann nur deswegen, weil Jesu Bedeutung in einem besonderen Licht erscheinen soll. Der Evangelist hat die Gestalt des Täufers für die Christusverkündigung in Dienst genommen, ihn also christologisch vereinnahmt. Dies wird besonders dann deutlich, wenn er die Rolle, die er Johannes zuschreibt, von der Jesu unterscheidet. Mit dieser Feststellung sind wir bei den Schriftzitaten angelangt, die die Täuferdarstellung einleiten (V. 2–3 im Verhältnis zu V. 4–6).

3.2.1. Johannes der Täufer als Vorläufer Jesu

Auf ungewöhnliche Weise setzt der Prolog nach der Überschrift (1,1) mit Schriftzitaten ein, die zur Wirksamkeit des Täufers hinführen (1,2–4):

(2) »Wie geschrieben steht im Propheten Jesaja:
›Siehe, ich sende meinen Boten vor dir her,
der deinen Weg bereiten soll.
(3) Die Stimme eines, der in der Wüste ruft:
Bereitet den Weg des Herrn,
macht gerade seine Pfade!‹,
(4) so trat Johannes der Täufer in der Wüste auf und verkündigte
eine Umkehrtaufe zur Vergebung der Sünden.«

Formal sind V. 2–3 Schriftzitate. V. 2 ist dabei dem Propheten Jesaja zugeschrieben, was aber erst für V. 3 zutrifft. Denn V. 2b.c geht in Wirklichkeit auf Ex 23,20 und Mal 3,1 zurück. Die Zusammenstellung der verschiedenen Zitate ist durch die Stichwortverbindung ermöglicht, die sich durch den Begriff »Weg« ergibt. Es geht um den »Wegbereiter« Johannes, auf den sich die Schriftzitate im jetzigen Zusammenhang beziehen. Allerdings befriedigt es nicht ganz, hier nur von Schriftzitaten zu reden. Das Zitat in V. 2 enthält Gottesrede. Im Sinne des Evangelisten Markus agiert Gott damit zweimal im Prolog, einmal direkt vom Himmel her (V. 11), sodann in V. 2 durch Jesaja als Medium. Wichtig ist dabei: Gott richtet seine Stimme beide Male an seinen Sohn, was in den Possessivpronomina V. 2b.c zum Ausdruck kommt (»vor *dir*«, »*deinen* Weg«). Mit Blick auf die Gottesreden V. 2 und 11 ist man versucht, geradezu von einem Prolog im Himmel zu sprechen. Die Wegbereitung für den Sohn Gottes Jesus ist im Himmel begründet. Sie geschieht irdisch durch den Boten Johannes in der Wüste.

Der Evangelist Markus hat hier bewusst und gezielt komponiert. Die Zusage eines Wegbereiters aus Ex 23,20 gilt jetzt nicht mehr dem Volk Israel, wie im ursprünglichen Text des AT, sondern dem Gottessohn Jesus. Die Rolle des dortigen Engels, besser des Boten, weist der Markustext dem Täufer zu und bringt ihn, hier noch andeutend, entsprechend Mal 3,1 mit Elija in

Verbindung, insofern Mal 3,1 natürlich an die Identifikation des Boten mit Elija in Mal 3,23–24 denken lässt. Vor allem aber: Der Bote Johannes bereitet nicht mehr wie bei Mal 3,1 »meinen«, d. h. Gottes Weg, sondern »deinen«, d. h. Jesu Weg, vor. Etwas Weiteres deutet sich an. Der Evangelist stellt die erwähnte Zitatkombination (Ex 23,20 und Mal 3,1) seinem ganzen Werk voran. Sie erhält damit im Unterschied zur Spruchquelle, wo dieselbe Kombination den Täufer charakterisiert (Mt 11,10 par Lk 7,27), ein besonderes Gewicht. Die Wegbereitung durch Johannes impliziert jetzt auch eine grundsätzliche Unterordnung unter den, dessen Weg er bereiten soll.

Im Zuge der Stichwortverbindung ist auch in Mk 1,3 von der Wegbereitung die Rede, wenn nun Jes 40,3 zitiert wird. Im alttestamentlichen Text von Jes 40,3 heißt es noch recht unbestimmt:

»Eine Stimme ruft: In der Wüste bahnt den Weg des Herrn; macht in der Steppe eine gerade Straße für unseren Gott!«

Aus der unbestimmten Stimme, die ruft, ist nun bei Markus die Stimme einer bestimmten menschlichen Person geworden, was die Textaussage konkret personalisiert und auf Johannes den Täufer ausrichtet, von dem dann in V. 4–8 ausdrücklich gesprochen wird. Der »Rufer« tritt in der Wüste auf, am schmalen unteren Jordanlauf, verkündet seine Umkehrtaufe und weist auf den »Stärkeren« hin, der nach ihm kommt, dessen Schuhriemen zu lösen er nicht würdig sei (V. 7 f.). Die Unterordnung des Täufers unter Jesus zeichnet sich immer deutlicher ab.

Versucht man die Zielaussage der Zitatkombination in Mk 1,2 f. auf den Punkt zu bringen, so will sie Johannes den Täufer als Wegbereiter Jesu, des Gottessohnes, verständlich machen. Weil bei den Propheten schon vorhergesagt, erfolgt sein Wirken gemäß Gottes Geschichtsplan und auf Jesus Christus ausgerichtet. Auffällig ist aber, dass über die Art der Wegbereitung im folgenden Erzähltext in V. 4 ff. wenig gesagt wird. Johannes erscheint als Täufer, der die Umkehrtaufe verkündigt, die als Wassertaufe durch die Geisttaufe alsbald überboten wird. In jedem Fall aber lässt aufmerken, dass Markus von der Gerichtspredigt des Täufers, die uns in der Spruchquelle Mt 3,7 ff. par Lk 3,7 ff. überliefert ist, nichts berichtet. Er hat die Überlieferung der Gerichtspredigt nicht dazu benutzt, den Gedanken der Wegbereitung zu konkretisieren. Überhaupt scheint es dem Evangelisten nicht darauf anzukommen, den Gedanken der Wegbereitung in Mk 1 zu entfalten. Er hat sie ganz im Sinne der christologischen Vorläuferschaft interpretiert, die die Unterordnung unter den Christus einschließt. Johannes ist mit seiner Wassertaufe eben Vorläufer des Geisttäufers (Mk 1,8), wobei der Begriff »Geisttaufe« rein metaphorisch aufzufassen ist und durch das Wirken Jesu generell realisiert zu sein scheint. Die Geisttaufe beginnt wohl mit dem ersten Predigtsummarium in V. 15 und setzt sich im Wirken Jesu fort.[52]

Johannes ist mit seiner Wassertaufe Vorläufer des Christus (vgl. Abb. 10) und ihm nachgeordnet. Dies will die Redaktionsarbeit des Evangelisten zeigen, die gleichwohl von einer gewissen Unausgeglichenheit geprägt ist, insofern Jesus sich von Johannes taufen lässt (1,9), was eine Vorordnung des Täufers andeuten könnte! Gegen eine solche Schlussfolgerung steht jedoch die Erkenntnis, dass Markus im Taufbericht Jesu nur eine ihm vorgegebene Tradition übernimmt und die

52 Vgl. H.-J. Klauck, Vorspiel im Himmel? Erzähltechnik und Theologie im Markusprolog, BThSt 32, 1997, 89.

Taufe Jesu speziell durch Johannes keine eigene theologische Bedeutung für Markus hat. Ganz im Gegenteil: »Der Täufer tritt hinter dem Täufling zurück. Johannes weist hin auf den nach ihm kommenden Stärkeren (1,7), im Augenblick der Offenbarung der Gottessohnschaft (1,9–11) steht er abseits.«[53] In der Tat: In der erzählten Welt der Geschichte gilt die Himmelsstimme Jesus allein, nicht jedoch Johannes, der im Vorraum der Evangeliumsverkündigung bleibt. Ansonsten erfährt nur der Leser, dass die Himmelsstimme Jesus als geliebten Sohn Gottes identifiziert (1,11).

Zwei scheinbar gegenläufige Tendenzen prägen die Markusdarstellung Johannes des Täufers. Einerseits ist sie bestimmt von einer erkennbaren Hochachtung des Täufers. Seine Taufe stammt gewissermaßen vom Himmel (Mk 11,30). Auf Grund der alttestamentlichen Zitate in Mk 1,2–3, die Gott selbst als Sprecher des darin Gesagten ausweisen, zeigt sich zudem: Gott hat schon vor langer Zeit kundgetan und längst beschlossen, was sich im Wirken des Täufers jetzt ereignet. Die Johannestaufe ist danach eine heilsgeschichtliche Fügung. Andererseits aber findet sich im Markusevangelium – um Jesu Christi willen – eine deutliche Unterordnung des Täufers unter Jesus. Was sich in den anderen Evangelien immer stärker abzeichnet und im Johannesevangelium seinen Höhepunkt erreicht: »Er muss wachsen, ich aber abnehmen« (Joh 3,30), findet im Markusevangelium einen Ansatzpunkt. Entsprechend der vorgegebenen Tradition wird von der Taufe des Johannes zunächst noch gesagt, dass sie eine Taufe der Umkehr zur Vergebung der Sünden ist (Mk 1,4), womit die historische Eigenständigkeit der Johannestaufe sichtbar bleibt. Am Schluss des Abschnitts

53 J. Ernst, Johannes der Täufer, 19.

aber, in V. 8, muss der Täufer bekennen: »Ich habe euch (nur) mit Wasser getauft, er aber wird euch mit dem heiligen Geist taufen.« Die christologisch bestimmte Unterordnung des Täufers ist vollzogen. Die Vorläuferrolle des Täufers ist für Markus zwar heilsgeschichtlich vorherbestimmt, der Täufer muss sich mit dieser Rolle aber begnügen. Auch sein gewaltsames Schicksal, sein Tod, interessiert nicht als Märtyrergeschick, das für sich Bedeutung hätte. Es ist als Zeichen hingeordnet auf die »Auslieferung« des Menschensohnes (1,14 in Verbindung mit 9,31; 10,33), dem allein Heilsqualität zukommt. Das Geschick des Täufers ist in die markinische Darstellung des Weges Jesu einbezogen und erhält darin seinen Platz, was schon die vorangestellte Zitatenkombination in 1,2–3 andeutet, die von der Wegbereitung Jesu durch den Täufer spricht.

Das zeigt sich gerade auch bei der Erzählung über das gewaltsame Ende des Täufers. Das theologische Interesse des Evangelisten liegt nicht so sehr bei der von ihm aus mündlicher Überlieferung übernommenen Geschichte 6,17–29, sondern bei der von ihm bewusst gestalteten Einleitung dazu: 6,14–16. Zunächst referiert der Evangelist Volksgerüchte über das Wirken Jesu, in dem man die wundersamen Kräfte des von den Toten angeblich auferweckten Johannes vermutet:

»Johannes der Täufer ist von den Toten auferweckt worden, und deshalb wirken die Kräfte in ihm (Jesus).«

Wichtig erscheint dem Evangelisten dabei die Reaktion des Herodes Antipas auf solche Gerüchte; er hat offenbar Angst davor, dass der zurückgekommen ist, den er hat köpfen lassen (6,16):

»Den ich habe enthaupten lassen, Johannes, der ist auferweckt worden.«

Dieses Schuldbekenntnis des Herodes impliziert nach der Absicht des Evangelisten: Gott steht auf Seiten des Täufers; er legitimiert das Wirken desselben durch den Triumph der Auferweckung. Natürlich weiß der Leser des Markusevangeliums, dass das Eingeständnis, das Herodes in den Mund gelegt wird, nicht der eigentlichen Wahrheit entspricht. Der Evangelist lenkt den Blick des Lesers indirekt auf das ihn vor allem interessierende Thema der Passion und Auferstehung Jesu. Das Geschick des Vorläufers Jesu hat dabei geradezu typologische Bedeutung. Es weist voraus auf Tod und Auferstehung Jesu.

3.2.2. Johannes der Täufer als Elija incognito

Oben wurde bereits angedeutet, dass Mk 1,2 mit seiner Nennung des Gottesboten auf Mal 3,1 zurückweist und dabei wahrscheinlich Elija im Blick hat (Mal 3,23 f.), der für den Markustext die eschatologische Gestalt ist, mit der er das Auftreten Johannes des Täufers deuten will. Gott sendet mit Johannes dem Täufer den Wegbereiter und Vorläufer Jesu, womit sich die Ankündigung der Wiederkunft des Propheten Elija erfüllen dürfte. Die Identifizierung des Gottesboten mit Elija und damit auch die Verbindung des Täufers mit diesem setzt allerdings voraus, dass Markus den Prophetentext Mal 3,1 zusammen sieht mit Mal 3,23 f.:

> »Siehe, ich werde euch den Propheten Elija senden, bevor der Tag Jahwes kommt…, dass er das Herz der Väter den Söhnen zuwende und das Herz der Söhne ihren Vätern…«

Diese Identifizierung setzt auch voraus, dass der Evangelist in Kleidung und Nahrung des Täufers Anklänge an die Elijagestalt (2 Kön 1,8) gesehen hat (Mk 1,6). Johannes trägt wohl einen »härenen Mantel« (vgl. 2 Kön 2,8.13–14) und einen ledernen Gürtel um die Lenden. In Mk 1 bleibt diese Elijakonnotation jedoch zurückhaltend und andeutend. Klar und eindeutig wird sie erst in Mk 9,11–13.

Abb. 10: Johannes Prodromos (= »Vorläufer«), Deesis der Hagia Sophia, Istanbul (1150–1300?)

Allerdings ist dieser Text in seiner Argumentation bis auf den Schlusssatz V. 13, auf den es jedoch entscheidend ankommt, nicht leicht verständlich. Die kurze Diskussion setzt mit der Frage der Jünger ein: »Warum sagen die Schriftgelehrten, dass Elija zuerst kommen muss?« Dieser Sachverhalt wird dann von Jesus noch einmal wiederholt und präzisiert (V. 12a). Er hat den Charakter eines Einwandes gegen die Erwartung des Menschensohnes Jesus – etwa in dem Sinne: Nicht der Menschensohn, sondern Elija kommt vor dem »Tag des Herrn« (Mal 3,23 f.). Möglicherweise liegt auch der Reflex einer Diskussion der frühen christlichen Gemeinde mit jüdischen Gegnern vor (Schriftgelehrten!), die von der Position bestimmt ist, Jesus könne nicht auferstanden und daher auch nicht der Messias gewesen sein, da Elija nicht zuvor wiedergekommen sei. Jüdische Erwartung kennt ja die Hoffnung auf die Wiederkunft Elijas (Mal 3,23 f.; Sir 48,10). Demgegenüber wird auf die Schriftgemäßheit des leidenden und auferstandenen Menschensohnes Jesus verwiesen: »Und wie ist geschrieben über den Menschensohn? Dass er vieles erleiden und verachtet werden muss.« (V. 12b). Damit ist die Position der Schriftgelehrten aus V. 11 durch einen Schriftverweis entkräftet (wohl Ps 21,7 LXX; 118,22 LXX).

Für unseren Zusammenhang entscheidend ist der weitere Beweisschritt, womit die Meinung der Schriftgelehrten, Elija müsse erst noch kommen, entwertet ist (V. 13):

> »Aber ich sage euch: Auch Elija ist gekommen und sie taten ihm, was sie wollten, wie geschrieben steht über ihn.«

Damit muss Johannes der Täufer gemeint sein, dessen Tod in Mk 6,17–29 ja erzählt ist und der in der synoptischen Parallelversion Mt 17,13 ausdrücklich mit Namen genannt ist. In der Gestalt des Täufers ist Elija bereits erschienen, ohne dass die Menschen dies erkannten. Was seine Aufgabe war, nämlich alles wieder herzustellen und die Väter mit den Söhnen zu versöhnen (Mal 3,1.23 f.), konnte aber nicht gelingen, weil die Menschen mit ihm machten, was sie wollten (Mk 6,17–29). Damit wird das gewaltsame Geschick des Täufers für den Evangelisten zur schriftgemäßen Vorausdarstellung des Leidens und der Verachtung des Menschensohnes Jesus. Der Täufer ist zum Vorläufer des leidenden Menschensohnes geworden. Markus hat vielleicht als Schriftbezug 1 Kön 19,2.10.14 im Blick, wo das Verfolgungsleiden Elijas erwähnt ist, das man als Hinweis auf den Täufer deuten konnte.

Überblickt man diese Elija-Perspektive Johannes des Täufers, so ist gleichzeitig zu betonen, dass sie sich primär christlichem Interesse verdankt. Der Evangelist Markus hat in der ganzen Komposition 9,2–13 die Frage des Leidens und der Auferstehung des Menschensohnes Jesus thematisiert. Man kann wohl formulieren: Wird in der Verklärungsgeschichte 9,2–8 den Jüngern in vorausnehmender Schau Jesu Auferstehung erschlossen, so wird im Gespräch beim Abstieg (9,9–13) mit Blick auf das Leidensgeschick des in Johannes dem Täufer gekommenen Elija sein Leiden erschlossen. Johannes der Täufer kann bei dieser christlichen Vereinnahmung kein Eigeninteresse beanspruchen. Seine Identifikation mit Elija geschieht um Jesu willen. Möglicherweise aber wurde sie insofern durch jüdische Volkskreise vorbereitet, als diese im Täufer den wiederkommenden Elija sahen.

3.3. Das Täuferbild im Matthäusevangelium

Das Täuferbild des Evangelisten Matthäus ist sicherlich durch die Quellen Markus und Logienquelle vorbestimmt. Doch hat er verstanden, durch kleine redaktionelle Veränderungen der Vorlagen sowie durch die Komposition des Materials bedeutsame eigene Akzente zu setzen. Jedenfalls wird sich zeigen, dass es ihm gelungen ist, die Gestalt Johannes des Täufers in seine theologische Grundkonzeption zu integrieren. Zwei grundlegende Aspekte werden beim Täuferbild des Matthäus alsbald auffallen. Da ist vor allem die sog. Verchristlichung des Täufers, die Zuordnung zu der Zeit der Reich-Gottes-Verkündigung (11,12) und die Angleichung seiner Predigt an die Verkündigung Jesu (3,2; 4,17). Für Matthäus gehören Johannes und Jesus eng zusammen; dies ist in den Quellen so nicht gesehen und ist als Eigenart des Evangelisten im Detail herauszuarbeiten. Als weiteres für Matthäus eigentümliches Element ist die betonte Gleichsetzung mit Elija zu nennen (11,14; 17,13). Solches ist zwar sicher schon durch Markus vorbereitet, ja möglicherweise bei dem historischen Johannes bereits angelegt, doch durch Matthäus in besonderer Weise hervorgehoben. Zu fragen ist nach dem Grund, der diese deutliche Identifikation hervorgerufen hat.

3.3.1. Zur Verhältnisbestimmung zwischen Johannes und Jesus: Unterordnung und parallele Zuordnung in Mt 3,1–17

In der folgenden Übersicht werden zunächst nur die einleitenden Abschnitte behandelt, die den Bußruf des Täufers an Israel (Mt 3,1–12) sowie die Geschichte von der Taufe Jesu (Mt 3,13–17) enthalten. Dabei wird es jeweils um die Frage gehen, wie das Verhältnis Johannes des Täufers zu Jesus gesehen wird. Subordination wie Koordination zwischen beiden Gestalten spielen eine Rolle, wobei Letzteres dominiert. Schon bei der einleitenden Schilderung der Verkündigung des Täufers 3,1–12 wird sich dies zeigen.

Nach den Kindheitsgeschichten Jesu (Mt 1–2) lässt Matthäus mit besonderer Akzentuierung seine Darstellung Johannes des Täufers beginnen: »In jenen Tagen aber kommt Johannes der Täufer und predigt in der Wüste Judas« (3,1). Der Evangelist nimmt mit »in jenen Tagen« die Zeitangabe von Mk 1,9, die dort Jesu Wirken einleitet, vorweg und bezieht sie jetzt auf den Täufer, gleichzeitig auch auf Jesus, der zu dieser Anfangszeit zentral dazugehört (3,13 ff.). Johannes und Jesus werden parallel gesehen und gehören insofern zusammen, als Johannes wie Jesus zur Umkehr rufen und beide dies mit der Nähe des Himmelreiches begründen (3,2; 4,17), was in der Vorlage des Markusevangeliums nur Jesus auszeichnet (Mk 1,15). Das bedeutet: Wenn schon Johannes die Nähe des Himmelreiches verkündigt, so ist mit seiner Verkündigung die Himmelsherrschaft als fordernde und zugleich heilvolle Gegenwart bereits real. Für Matthäus geht es dabei primär um den Propheten Johannes, nicht so sehr um den Täufer; deshalb stellt er dessen Verkündigung voran. Allein der Inhalt seiner Predigt interessiert. Sie stimmt mit der Jesu wörtlich überein (3,2; 4,17) und wird später von den Jüngern, d. h. im Sinne des Evangelisten von der christlichen Kirche, weitergetragen (10,7). Mit Johannes und Jesus beginnt also die christliche Predigt. Im Zuge dieser Parallelisierung des Täufers mit Jesus werden auch charakteristische Predigtinhalte des Täufers auf Jesus übertragen. Das Wort vom Baum, der abgehauen wird (3,10b), ist in die Bergpredigt Jesu eingegangen (7,19). Das Schimpfwort von der Otternbrut (3,7) findet sich später auch in der Jesuspredigt (12,34; 23,33). Die Zusammengehörigkeit beider Gestalten, die andererseits auch bald ihre Grenze hat (vgl. 3,14 f.), findet ihren Ausdruck zudem darin, dass »seit den Tagen Johannes des Täufers bis jetzt« die Himmelsherrschaft »gewaltsam bekämpft wird« (11,12), d.h. schon mit dem Umkehrruf des Johannes hat die Epoche der endgültigen, von Israel bekämpften Entscheidungsforderung eingesetzt.

Auffällig ist in der einleitenden Schilderung Johannes des Täufers 3,1–6, dass die ausdrückliche Erwähnung des Zieles der Johannestaufe (»zur Vergebung der Sünden« so noch Mk 1,4) bei Matthäus fehlt; es wird nur noch kurz erwähnt, dass die Taufbereiten zuvor ihre Sünden bekannten (Mt 3,6). Möglicherweise geschieht hier eine gewisse Distanzierung von der Johannestaufe, die der ansonsten festgestellten Parallelisierung zwischen Johannes und Jesus zuwiderläuft: Sündenvergebung scheint Jesus (Mt 9,6) bzw. der christlichen Gemeinde vorbehalten (9,8; 26,28). Doch ist dabei Sicherheit nicht zu gewinnen, insofern das Sündenbekenntnis bei der Johannestaufe auch die Sündenvergebung einschließen könnte.

Matthäus hat die Gerichtspredigt Johannes des Täufers ganz nach der Vorlage der Spruchquelle überliefert (3,7–10). Der Evangelist hat durchaus ein Interesse daran, dass Johannes zum Warner wird, der dem Volk die Augen öffnet für das drohende Gericht, das ihm bevorsteht, wenn es nicht umkehrt. Im Unterschied zur Q-Vorlage hat dabei das Schimpfwort »Otternbrut« nicht mehr ganz Israel im Blick, sondern im Sinne der auch sonst im Evangelium stattfindenden Differenzierung nur die Pharisäer und Sadduzäer (3,7). Wie schon für Q, so ist auch für Matthäus die Täuferpredigt keine Sache der Vergangenheit, sondern hat Gegenwartsbedeutung und dient damit der eigenen Gerichtspredigt: In seinen Scheltworten gegen die Pharisäer nimmt der matthäische Jesus das Stichwort »Otternbrut« gegen die Pharisäer auf (12,34; 23,33).

Mit der Ankündigung des »Stärkeren«, des Geist- und Feuerrichters (3,11 f.), durch Johannes den Täufer findet die Parallelisierung zwischen Johannes und Jesus natürlich ein Ende. Als der zukünftige Menschensohn-Richter ist Jesus dem Täufer entscheidend übergeordnet. Sind beide in der Ausrichtung des Umkehrrufes einander zugeordnet, so ist Jesus als der kommende Geist- und Feuerrichter die letztgültige Gerichtsinstanz, der der Umkehrprediger Johannes nur wegbereitend zuarbeitet (Johannes als Wegbereiter entsprechend Jes 40,3 in Mt 3,3).

In ihrem Ansatz ist dann die kurze Geschichte von der Taufe Jesu vom Gedanken der Unterordnung des Täufers unter Jesus als den Gottessohn geprägt (3,13–17). Die Szene ist schnell geschildert. Jesus will sich von Johannes taufen lassen. Johannes aber will ihn hindern, wenn er sagt: »Ich habe es nötig, mich von dir taufen zu lassen, und du kommst zu mir?« (3,14). Dahinter steht das Problem der matthäischen Gemeinde: Wie konnte Jesus als der auserwählte Sohn Gottes, als den ihn die Himmelsstimme prädiziert (3,17), die Taufe durch den Geringeren auf sich nehmen? In der Antwort, die der Evangelist Jesus geben lässt, wird alsbald jedoch das typisch matthäische Motiv, das ansonsten die Verhältnisbestimmung zwischen Jesus und Johannes leitet, deutlich: die parallele Zuordnung beider Gestalten. Matthäus lässt nämlich Jesus sprechen: »Lass jetzt; so ziemt es sich nämlich für uns, alle Gerechtigkeit zu erfüllen« (3,15). Wenn es heißt »für uns«, so sind Johannes und Jesus zusammen gesehen, wie allerdings auch alle Christen gemeint sind. Ihnen allen ist aufgegeben, »alle Gerechtigkeit« zu verwirklichen, d. h. »alles, was gerecht ist«, zu tun. Gemeint ist das Ganze des göttlichen Willens, wie es in der Auslegung des Gesetzes und der Propheten durch Jesus zum Ausdruck kommt. Die Johannestaufe gehört dazu, weswegen Jesus sich ihr unterzieht. Trotz der Subordination, die der Taufgeschichte zu Grunde liegt, bleibt es ansonsten in der Taufgeschichte bei der matthäischen Tendenz, Johannes und Jesus in ihrer Zusammengehörigkeit zu sehen, wenn es sich für sie beide (wie für die Christen auch) gehört, »alle Gerechtigkeit zu erfüllen«. Beide beugen sich unter Gottes Willen. Zusammenfassend heißt das: Matthäus bestimmt das Verhältnis zwischen Jesus und Johannes entsprechend vorgegebener Tradition durch den Gedanken der Subordination, das für ihn Typische ist aber die Koordination.[54] So kann es später im Matthäusevangelium der theologischen Tendenz gemäß heißen (21,32):

> »Denn Johannes ist zu euch gekommen auf dem Weg der Gerechtigkeit, und ihr habt
> ihm nicht geglaubt.«

»Auf dem Weg der Gerechtigkeit« wandelt natürlich auch Jesus – ein Weg, auf dem zu wandeln auch die Christen berufen sind. Es ziemt sich ja auch für Jesus, »alle Gerechtigkeit« zu erfüllen (3,15).

3.3.2. Johannes als wiedergekommener Elija

Die Besprechung des Täuferbildes der Spruchquelle brachte das Ergebnis, dass das Matthäusevangelium in Mt 11,12 f. im Wesentlichen (bis auf wenige redaktionelle Ergänzungen) den Q-Text bewahrt hat. Alle Prophezeiungen (der Propheten und des Gesetzes)

---

54 J. Ernst, Johannes der Täufer, 163.

zielen nach Q auf Johannes ab, mit dem die neue Zeit der Gottesherrschaft ihren Anfang nimmt; diese ist jedoch dadurch gekennzeichnet, dass sie in der Gegenwart durch Gewalttätige bekämpft wird. Johannes ist für Q der Prophet der Endzeit, gleichzeitig wie Jesus Bote der Weisheit, ansonsten diesem als dem kommenden Menschensohn-Richter untergeordnet. Matthäus hat anschließend in 11,14 f. die vorgegebene Q-Aussage besonders akzentuiert:

»... und wenn ihr es annehmen wollt: Er ist Elija, der kommen soll. Wer Ohren hat, soll hören!«

Durch diesen Zusatz wird deutlich: Johannes erweist sich als der verheißene Bote Elija: »Siehe, ich will euch den Propheten Elija senden, bevor der große und schreckliche Tag des Herrn kommt...« (Mal 3,23 f.; ähnlich Sir 48,10). Was das Volk fälschlich über Jesus mutmaßt (»die anderen [halten ihn] für Elija« Mt 16,14), trifft nach Matthäus auf Johannes zu. Man kann sogar weitergehen. Die Identifizierung des Täufers mit dem wiederkommenden Elija ist als indirekter Vorverweis auf das Christusbekenntnis zu verstehen, das Petrus ausspricht (16,16). Johannes erhält jenen Namen, der für den Messias Jesus nicht passt. Was also die Beschreibung des Johannes in 3,4 und das Zitat 11,10 angedeutet haben, macht Matthäus in 11,14 explizit: Johannes ist der wiedergekommene Elija.

Dies hat im Sinne des Evangelisten eine eminent eschatologische Gerichtsdimension. Wenn Johannes ausdrücklich Elija ist, so gewinnen sein Zeugnis und sein Umkehrruf an Israel (indirekt auch an die christliche Gemeinde) letztes Gewicht. Israel steht vor der Entscheidung, ob es den wiedergekommenen Elija annehmen will; es heißt ja: »... wenn ihr es annehmen wollt: Er ist Elija, der kommen soll« (11,14). Die weitere

Abb. 11: Der geflügelte Johannes Prodromos, griechische Ikone (16. Jh.)

matthäische Evangeliumsdarstellung wird zeigen, dass Israel seinen Elija Johannes und seinen Messias, den Menschensohn Jesus, ablehnen wird. Der warnende Weckruf »wer Ohren hat, soll hören« (11,15) soll im jetzigen Kontext zunächst einmal das angesprochene Volk auf diese grundsätzliche Entscheidung aufmerksam machen. Matthäus zielt aber mindestens ebenso auf seine christliche Gemeinde; denn die Formulierung in 11,14 »er ist ...« ist dieselbe wie jene in 16,20, mit der die Identität Jesu ihren Ausdruck findet: »Er ist der Christus«. Beides hängt zusammen: Johannes ist für die christliche Gemeinde der wiedergekommene Elija und in diesem Kontext der Vorläufer des Christus. Als dieser erleidet er Gewalt wie Jesus (17,9–13). Matthäus führt damit in zugespitzter Form die Elijaidentifikation des Täufers aus Mk 9,11–13 weiter.

Ehe Matthäus in 17,10–13 endgültig darauf zu sprechen kommt, dass Johannes der wiedergekommene Elija ist, den die jüdischen Gegner nicht als diesen erkannten und »mit ihm machten, was sie wollten«, gleichwie der Menschensohn Jesus durch sie leiden werde, erzählt er bereits vorher in 14,1–12 die Geschichte vom Tod des Täufers. Er übernimmt die markinische Vorlage Mk 6,17–29, formt sie aber um, indem er sie kürzt, gleichzeitig aber auch ganz eigene inhaltliche Akzente setzt.

In der Matthäusfassung – das fällt alsbald auf – wird Herodes Antipas zum negativen Hauptakteur, der den Tod des Johannes betreibt (14,3–5). Die Rolle seiner Frau Herodias tritt in dieser Hinsicht zurück – anders als bei Markus.

Herodes wird zum Antipoden des Johannes, der Johannes töten will (V. 5): Der Bösewicht trachtet dem Propheten nach dem Leben. Überhaupt ist die ganze Geschichte auf den Matthäus vertrauten Topos des

Prophetenmordes zugespitzt. Zu Recht hat man gesagt: »Das Geschehen ist stärker auf den Tod des Täufers konzentriert, von den Personen treten Herodias und Salome hinter Herodes zurück. Der Stil ist nüchtern und amtlich gehalten wie oft bei Mt. Es geht weniger um einen dramatischen Vorgang als um einen fast juristisch streng protokollierten Tatbestand.«[55] Die anschauliche, mit novellistischen Zügen ausgestattete Darstellung der Markusvorlage geht verloren. Umso deutlicher treten die theologischen Motive des Matthäus hervor. Die Stichworte »Prophet« und »töten« weisen auf die alte biblische Prophetenmordtradition, die Matthäus auch sonst betont (5,12; 21,33–41; 22,3–6; 23,29–36): Immer schon verfolgte Israel seine Propheten und tötete sie. So, wie es ihnen ergangen ist, ergeht es auch Johannes und wird es auch Jesus treffen. Wieder zeigt sich der für Matthäus typische Zug, dass beide, Johannes und Jesus, für ihn zusammengehören. Sie verkünden dieselbe Botschaft (3,2; 4,17), erleiden dasselbe Geschick (17,10–13) und haben dieselben Gegner.[56] Dementsprechend ist es für den Evangelisten selbstverständlich, dass die verwaisten Jünger des Johannes nach dessen Tod zu Jesus gehen (14,12). Markus hatte ja nur erzählt, dass die Jünger des Johannes ihren Meister begraben (6,29).

Im Gesamtaufbau des Matthäusevangeliums hat die Geschichte vom gewaltsamen Geschick des Propheten Johannes Mt 14,1–12 ihre besondere Bedeutung. Nach der Verwerfung Jesu in Nazareth (Mt 13,53–58) geschieht »ein weiteres Signal für die Zukunft: der Tod

55 W. Trilling, Die Täufertradition bei Matthäus, BZ NF 3, 1959, 272.

56 U. Luz, Das Evangelium nach Matthäus (Mt 8–17), EKK I/2, Zürich/Neukirchen-Vluyn 1990, 391.

des Vorläufers, des wiedergekommenen Elija, der Jesus auf seinem eigenen Leidensweg vorangeht. Wie ihm wird es auch dem Menschensohn ergehen (17,12).«[57] Auf diese zuletzt zitierte Aussage zielt dann die matthäische Fassung des aus Mk 9,11–13 stammenden Jüngergesprächs nach dem Abstieg vom Verklärungsberg Mt 17,10–13. Matthäus hat dabei den schwer verständlichen Markustext geglättet und nach dem Vorbild des schriftgelehrten Schulgesprächs in eine einsichtige Gedankenfolge gebracht. Die Frage nach dem Kommen des Elija »vorher«, d. h. vor dem Ende, die den jüdischen Schriftgelehrten als Einwand gegen Jesu Messianität diente (»da Elija noch nicht wiedergekommen ist, kann Jesus nicht der Messias und Gottessohn sein«), wird von Jesus aufgenommen und entsprechend der biblischen Tradition Mal 3,23 bestätigt, dann aber im Sinne des Matthäus auf die für ihn zentrale Leidensaussage ausgerichtet (17,12):

»Ich sage euch aber, dass Elija schon gekommen ist,
und sie haben ihn nicht erkannt,
sondern haben an ihm getan, was sie wollten. So wird auch der Menschensohn durch sie leiden.«

Wieder erfolgt die Identifizierung des Täufers mit Elija (17,13) und die Zuordnung zum leidenden Menschensohn. Das Geschick des Johannes als des wiedergekommenen Elija und das Geschick des leidenden Menschensohnes Jesus gehören für Matthäus unmittelbar zusammen.

Die Frage stellt sich natürlich, warum der Evangelist diese Position so sehr herausstellt und betont. Eine komplexe Antwort liegt nahe: Im Blick auf die Argumente jüdischer Gegner der christlichen Gemeinde, die Jesu Leiden und Sterben als Einwand gegen

57 A. a. O., 392.

seine Messianität gebrauchten, konnten das heilsgeschichtliche Muss dieses Leidens und seine Verankerung in der Schrift geltend gemacht werden: Nicht erst der leidende Menschensohn Jesus, sondern schon Johannes als der wiedergekommene Elija gehören in die deuteronomistische Tradition vom Ungehorsam Israels, das alle seine Propheten verfolgt hat (5,12; 21,33–41; 22,3–6; 23,29–36). Wenn der getötete Johannes wirklich der wiedergekommene Elija ist, mit dem die jüdischen Gegner machten, was sie wollten (17,12), und sich damit die Schrift erfüllt (Mal 3,23), so bestätigt sich auch die ganze heilsgeschichtliche Schau, die das notwendige Leiden des Menschensohnes Jesus einschließt. Johannes der Täufer als Vorläufer des leidenden Menschensohnes ist damit voll und ganz christlich gedeutet. Die hervorragende Stellung, die er in der Theologie des Matthäus einnimmt, geschieht um den Preis des völligen Verlustes seiner historischen und damit jüdischen Identität. Aber diese Tendenz ist schon bei Markus (im gewissen Sinne schon in der Spruchquelle) angebahnt und wird bei Matthäus zu einer umfassenden Position ausgebaut.

3.4. Das Täuferbild im Lukasevangelium

3.4.1. Grundsätzliche Erwägungen: das Verhältnis Johannes des Täufers zu Jesus

Die Gestalt Johannes des Täufers spielt im Lukasevangelium eine bedeutsame Rolle, viel mehr als sonst in den Evangelien. Kein anderer Evangelist berichtet so viel über ihn wie Lukas. Namentlich erwähnt wird er in Lk 1,13.60.63; sechsmal in Lk 3,2–20; 5,33; siebenmal in Lk 7,18–33; 9,7.9.19; 11,1; 16,16; 20,4.6. Blickt man noch auf die lukanische Apostelgeschichte, so sind es dreiunddreißigmal. Das wird seinen Grund haben, und eine nahe liegende Hypothese lautet dementsprechend, dass der Evangelist »Themen und Motive seiner Theologie in Abgrenzung von Gruppen entwickelt hat, die im Umfeld seiner Gemeinde Johannes den Täufer favorisierten«.[58] Doch sei diese These zunächst zurückgestellt, um das lukanische Täuferbild in seiner komplexen Art zu entfalten. Dabei stellt sich alsbald heraus, dass Johannes sowohl in den lukanischen Kindheitsgeschichten Kap. 1–2 wie auch später durchgehend als Prophet erscheint, Jesus dagegen vor allem als Messias, als Soter, Kyrios oder Gottessohn, nicht eigentlich als Prophet (vgl. aber Lk 24,19). Wenn Lukas den Titel Prophet gebraucht (1,76; 7,26; 20,6), so meint er damit keine messianisch-eschatologische Prädikation, sondern will Johannes in die Reihe der Propheten einordnen, die wie Hanna (2,36), Samuel (Apg 3,24) oder David (Apg 2,29–31) Jesus erkennen oder verheißen. Im Sinne dieser prophetischen Funktion wird Johannes zum Gesetz oder zu Mose und den Propheten hinzugerechnet (Lk 16,16); denn er tut nichts anderes als diese, er kündigt Jesus als den Christus an (Lk 3,15 f.). Wenn Johannes für Lukas weder einziger noch letzter Prophet ist (vgl. neben den schon genannten Judas und Silas Apg 15,32; Agabos Apg 21,10), so hat es mit seinem Prophetentum doch eine besondere Bewandtnis.

Im Lobgesang seines Vaters Zacharias wird über ihn prophezeit, er werde »Prophet des Höchsten« genannt werden (1,76); ja er ist »mehr als ein Prophet« (7,26), wie es entsprechend der Vorlage der Spruchquelle heißt. Dort gilt Johannes zugleich als Größter unter den von Frauen Geborenen (so auch Lk), wenn auch als

58 P. Böhlemann, Jesus und der Täufer, SNTS MS 99, Cambridge 1997, 64 f.

Kleinster in der Gottesherrschaft (7,28). Das bedeutet im Sinne des Lukas: Johannes ist bedeutsamer Prophet, doch ohne eschatologische Heilsqualität. Johannes ist in der Tat zwar »groß« (Lk 1,15; 7,28) und ein »Prophet des Höchsten«, aber Jesus ist in ganz anderem Sinne »groß« und wird »Sohn des Höchsten« genannt werden (1,32). Die bewusste Unterordnung des Johannes unter Jesus zeichnet sich bereits ab – eine redaktionelle Tendenz, die der oben dargestellten matthäischen Absicht teilweise zuwiderläuft.

Abgrenzungsbemühungen finden sich auch im Blick auf die Vorstellung, Johannes sei mit dem wiedergekommenen Elija zu identifizieren, was sich etwa in Mk 9,13 oder besonders Mt 11,14; 17,12 f. als christliche Vorstellung darstellt. Für Lukas ist Johannes nur ein Prophet *wie* Elija, aber nicht Elija selbst. Das dürfte sich schon in Lk 1,17 zeigen: »Und er (Johannes) wird vor ihm (Gott) hergehen im Geist und in der Kraft Elijas ..., vorzubereiten dem Herrn ein gerüstetes Volk.« Johannes trägt dabei zwar Züge des Elija, ist aber wohl nicht Elija. Nur der Geist Elijas wirkt durch ihn. Eine Elijaidentifikation liegt auch nicht in 7,27 vor, wenn im Gefolge von Q Mal 3,1 zitiert wird; es ist eben bezeichnend, dass eine Gleichsetzung des Täufers mit Elija, wie sie die Parallelstelle Mt 11,14 vornimmt, bei Lukas fehlt. Auffällig ist auch das Fehlen der an Elija erinnernden Bemerkung über Kleidung und Nahrung des Täufers aus Mk 1,6, die im Eingangsabschnitt über Johannes in Lk 3 nicht zu finden ist. Ganz wichtig ist zudem, dass der Evangelist Jesu Belehrung seiner Jünger, dass Elija (in Johannes) schon gekommen sei (so Mk 9,11–13), einfach auslässt. Er will wohl die Vorstellung vermeiden, Johannes sei der wiedererstandene Elija im Sinne einer apokalyptischen Vorläuferidee. Anders als Mk (9,11–13) und Mt (17,10–13) macht

Lukas vielmehr deutlich, dass Elija nicht ein irdischer Vorläufer ist (etwa Johannes), sondern ein himmlisches Wesen, ein himmlischer Bote, der in der besonderen Verklärungssituation nur mit Jesus und sonst niemandem spricht (Lk 9,30–33). »Offensichtlich war es ein Anliegen des Lukas, Johannes über seine Funktion als Ankündiger und Wegbereiter Jesu hinaus möglichst wenig weitere eigenständige Funktionen zuzubilligen. Alles was Lukas in den Kindheitsgeschichten von Johannes berichtet, berichtet er nur, um dem gegenüber Jesus größer, gesegneter, verständiger und ›messianischer‹ erscheinen zu lassen.«[59] Danach ist letztlich auch 1,17 zu interpretieren. Wenn es dort heißt, Aufgabe Johannes sei es, vor dem Herrn herzugehen und das Volk für ihn vorzubereiten, so hat der Text zunächst eine Vorläuferfunktion im Blick auf Gott im Auge; Lukas folgt hier wahrscheinlich seiner Quelle. Doch legt die ganz verwandte Aussage in Lk 7,27 es nahe, auch schon 1,17 der lukanischen Intention gemäß christologisch zu interpretieren. Danach ist Johannes nur der Bote, der den Weg Jesu zurichten wird (Mal 3,1).

Damit sind wir bei dem entscheidenden Differenzkriterium zwischen Johannes und Jesus angelangt. Bei Lukas verkündet allein Jesus das Reich Gottes, nicht Johannes. Eine Aussage, wie sie Mt 3,2 Johannes in den Mund legt, dass nämlich Johannes die Nähe des Himmelreiches verkündet habe, wäre bei Lukas unmöglich. Vielmehr heißt es von Jesus und nur von ihm programmatisch (4,18):

»Der Geist des Herrn ist auf mir, weil er mich gesalbt hat.
Um den Armen die Frohbotschaft zu verkündigen,
hat er mich gesandt…«

59 P. BÖHLEMANN, a. a. O., 38.

Am Ende des Kapitels ergeht dann die zusammenfassende Bemerkung: »Auch den anderen Städten muss ich das Reich Gottes verkündigen; denn dazu bin ich gesandt.« (4,43). Es gehört gerade zur heilsgeschichtlichen Bestimmung Jesu, dass er als der Gottessohn, als der Geistträger (4,18) die befreiende Evangeliumsbotschaft auszurichten hat.

Noch deutlicher scheint Lk 16,16 die Bestimmung Jesu auszudrücken – und nun in besonderer Abgrenzung gegenüber Johannes:

> »Das Gesetz und die Propheten bis Johannes; von da an wird die Gottesherrschaft verkündet, und alle drängen sich hinein.«

Umstritten ist und bleibt, ob »bis Johannes« inklusiv oder exklusiv zu verstehen ist, ob also Johannes nach Lukas zur Zeit von Gesetz und Propheten gehört oder zur Epoche der anbrechenden Gottesherrschaft. Nun hat man in der Forschung große Hypothesen auf der Aussage von 16,16 aufgebaut und etwa die Dreiteilung oder Zweiteilung der Heilsgeschichte herausgelesen: die vergangene Epoche von Gesetz und Propheten einschließlich Johannes – Jesus als Mitte der Zeit – Zeit der Kirche, oder aber: Gesetz und Propheten mit Johannes – die Zeit der Evangeliumsverkündigung bei Jesus und der Kirche. Doch sollte man Lk 16,16 nicht überstrapazieren in seiner Bedeutung und berücksichtigen, dass dieser Spruch bei Lukas keinesfalls redaktionell besonders hervorgehoben und kontextuell in keiner Weise eindeutig eingeordnet ist, sondern der Zusammenhang eher einem Trümmerfeld aneinander gereihter, vorgegebener Sprüche gleicht.

Man hat zu beachten, dass der eigentliche Gegensatz im Spruch 16,16 zwischen der Verkündigung des Gottesreiches einerseits und Gesetz und Propheten andererseits besteht. Doch bedeutet die Verkündigung des Gottesreiches nicht das Ende des Gesetzes, wie wohl aus den auf 16,16 folgenden Worten über das Gesetz hervorgeht (16,17 f.). Das Evangelium hat also nicht das Gesetz aufgelöst. Eher gilt: Das Evangelium ist die Erfüllung des Gesetzes: »Das, was Gesetz und Propheten und natürlich auch Johannes verheißen haben, ist weder ungültig noch veraltet, aber es ist im Leben und in der Verkündigung Jesu bereits ›heute‹ Ereignis geworden.«[60] Lk 4,21 heißt es dementsprechend im Blick auf den zuvor zitierten Jesajatext (61,1; 58,6):

»Heute ist diese Schrift vor euren Ohren erfüllt worden.«

Heilsgeschichtlich beginnt mit der Proklamation des Gottesreiches eine neue Epoche, »das willkommene Jahr des Herrn« (4,19), das – und das scheint wichtig – die dominante Gerichtsbotschaft des Täufers relativiert. Die Gegenwart der Zeit Jesu ist Zeit der Freude über die Anwesenheit des Bräutigams und nicht eine Zeit des Fastens wie bei den Jüngern des Johannes (Lk 5,33 f.). Lukas trennt Johannes und Jesus streng voneinander. Johannes kündigt eben das Heil in der Person Jesu nur an (1,76 f.; 3,4–6.16 f.), Jesus aber vermittelt es in seiner Person. In Jesus ist die Gottesherrschaft wirksam und mächtig, wenn er die Annahme der Verlorenen realisiert (Lk 13,16; 19,9 f.) und die Befreiung von den Sünden vermittelt. Gerade Letzteres hilft, die Unterscheidung zwischen Johannes und Jesus zu präzisieren.

Johannes verkündet bei Lukas (im Gefolge von Mk 1,4) zwar »die Taufe der Umkehr zur Vergebung der Sünden« (3,3). Doch wird dieser Gedanke bei ihm nicht weiter verfolgt. Lukas schildert nicht das Sündenbekenntnis der Taufwilligen, ja die Beschreibung

---

60 P. BÖHLEMANN, Jesus und der Täufer, 292.

des Taufvorgangs fehlt völlig: Lukas übergeht Mk 1,5. Das führt zu der Annahme, dass Lukas gewiss den vorgegebenen Zusammenhang der Johannestaufe und der Sündenvergebung kannte, ihn jedoch grundlegend veränderte. Johannes verweist bei Lukas nur auf den kommenden Stärkeren, da er selbst nicht der Christus ist (3,15 f.), der als der Menschensohn Sünden vergeben kann (5,24).[61] Kurz gesagt: Johannes kündigt den kommenden Sündenvergeber an, Jesus bewirkt die Sündenvergebung (Apg 10,43;13,38 f.). Johannes ist eben nach Lukas keinesfalls der Messias oder Erlöser, sondern er bereitet diesem, d. h. Jesus, nur den Weg. So ist wohl auch die redaktionell-lukanische Intention zu sehen, die sich in Lk 1,76 f. abzeichnet, jedenfalls wenn man den Zusammenhang mit dem weiteren Evangelium berücksichtigt: Johannes ist danach als »Prophet des Höchsten« Vorläufer des »Herrn«, sein Wegbereiter, um die Heilserfahrung (»Erkenntnis des Heils«) an das Gottesvolk zu vermitteln. Johannes wird die »Bußtaufe« (Apg 10,38; 13,24) verkünden, die die Sündenvergebung durch Christus in Aussicht stellt. Grund der Sündenvergebung ist Gottes Erbarmen, das aufleuchten wird mit dem »Spross aus der Höhe«, welcher ist Christus (1,77 f.).

3.4.2. Kompositorisch-redaktionelle Konsequenzen des lukanischen Bildes vom Täufer als Vorläufer

Wenn die lukanische Tendenz der Verhältnisbestimmung zwischen Johannes und Jesus darauf abzielt: »Johannes ist nicht selbst der Messias, sondern er bereitet ihm den Weg«, so wird sich dies auch an einzelnen erzählerisch-kompositorischen Eigentümlichkeiten des Lukasevangeliums festmachen lassen. Beson-

61 Vgl. P. BÖHLEMANN, Jesus und der Täufer, 277.

ders die sog. Kindheitsgeschichten 1,5–2,52 und der Bericht vom Beginn der Tätigkeit des Täufers und Jesu 3,1–4,44 sind von der lukanischen Grundtendenz geprägt, von Johannes und Jesus Geschichten überbietender Parallelität nebeneinander zu stellen. Die Darstellung hat das Ziel, die Kindheit Jesu und den Beginn seiner Tätigkeit so zu schildern, dass sie die entsprechenden Daten des Täufers weit überbieten, Jesus also weit überlegen erscheinen lassen. Lukas benutzt dazu das Prinzip der Parallelität zwischen Johannes und Jesus. Es beginnt mit dem Doppelbild der Geburtsankündigungen. Der Ankündigung der Geburt des Täufers (1,5–25) entspricht die Ankündigung der Geburt Jesu (1,26–38), wobei die Verheißung für den Täufer nur lautet: »Er wird groß sein vor dem Herrn…« (1,15), während es von Jesus heißt: »Dieser wird groß sein und Sohn des Höchsten genannt werden…« (1,32). Erstaunlich ist auch die sonstige Parallelität zwischen beiden Ankündigungen, wie die folgende Aufstellung zeigt:

1. Vorstellung der Eltern des Johannes (V. 5–7) – Vorstellung der Eltern Jesu (V. 27)
2. Erscheinung des Engels (V. 11) – Erscheinung des Engels (V. 26.28)
3. Erschrecken des Zacharias (V. 12) – Erschrecken Marias (V. 29)
4. Fürchte dich nicht (Zacharias V. 13a) – Fürchte dich nicht (Maria V. 30)
5. Ankündigung der Geburt des Johannes (V. 13–17) – Ankündigung der Geburt Jesu (V. 31–33)
6. »Woran soll ich das erkennen?« (V. 18) – »Wie soll das geschehen?« (V. 34)
7. Verweis auf den Engel (V. 19) – Offenbarung durch den Engel (V. 35)
8. Das Zeichen: Zacharias wird stumm (V. 20) – Das Zeichen: Empfängnis der Elisabet (V. 36)

9. Schweigen des Zacharias (V. 22) – Antwort Marias (V. 38 a)
10. Weggehen des Zacharias (V. 23) – Weggehen des Engels (V. 38 b)

Die überbietende Art der Entsprechung bzw. Parallelität zwischen der Täufer- und Jesusdarstellung zeigt sich auch daran: Elisabet als Mutter des Johannes preist Maria und deren Kind Jesus (1,41–45), während Maria Gott in einem Lied preist (dem sog. Magnificat), das sich auf die Geburt des eigenen Sohnes bezieht (1,46–55).

Neben dem Doppelbild der beiden Geburtsankündigungen findet sich das zweite Doppelbild der Geburts- und Beschneidungsszenen. Diese sind unterschiedlich gewichtet. In der Täufererzählung hat die Beschneidung den Vorrang (1,59–66), von der Geburt ist nur kurz die Rede (1,57 f.). Bei der Jesuserzählung verhält es sich umgekehrt: Der umfänglichen Geburtsgeschichte (2,1–20) steht eine ganz knappe Beschneidungsnotiz (2,21) gegenüber. Den Schluss der sog. Kindheitsgeschichten bilden zwei Szenen, die auf den besonderen Rang des Jesuskindes abzielen: die Darstellung Jesu im Tempel (2,22–40) und das Wiederfinden Jesu im Heiligtum (2,41–52). Dabei hat man besonders auf den prophetischen Lobgesang des Simeon, das sog. Nunc dimittis, im Anschluss an die Darstellung des Jesuskindes zu achten (2,29–32), das im Lobgesang des Zacharias, dem sog. Benedictus (1,68–79), sein Gegenstück hat. Beide Lobeshymnen werden im Anschluss an den Bericht von der Geburt des verheißenen Kindes (Johannes bzw. Jesus) angestimmt. Doch überbieten die Aussagen des Nunc dimittis (bezogen auf Jesus) jene des Benedictus (bezogen auf die Johannesgeburt). Im Blick auf die Bedeutung des Jesuskindes heißt es in voller christologischer Klarheit (2,29–32):

»Jetzt entlässt du (Gott) deinen Knecht ... nach deinem Wort
in Frieden;
denn meine Augen haben dein Heil gesehen,
das du bereitet hast vor allen Völkern:
Licht zur Offenbarung für die Völker und Herrlichkeit
für dein Volk Israel.«

Den Kranz der sog. Kindheitsgeschichten beschließt der Bericht über den zwölfjährigen Jesus im Tempel (2,41–52). Dabei zeigt sich wiederum die überbietende Parallelität zwischen der Johannesdarstellung und derjenigen Jesu. Während bei Johannes das Wachsen und Erstarken nur einmal erscheint (1,80), wird es bei Jesus als Dublette berichtet, die die Erzählung vom zwölfjährigen Jesus im Tempel redaktionell umrahmt (2,40 und 2,52). Zu beachten ist schließlich: Die Kindheitsgeschichten beginnen mit dem zweifelnden Auftreten des Vaters des Johannes im Tempel (1,18.20), und sie enden mit dem verständigen und auf die göttliche Herkunft verweisenden Verhalten des zwölfjährigen Jesus im Tempel (2,47.49).

Aufs Ganze gesehen sind die sog. Kindheitsgeschichten so komponiert, dass die Jesusgeschichten ein strukturelles, ja theologisches Übergewicht haben. Johannes ist nur der Prophet (1,76), Jesus dagegen der Sohn Gottes (1,32); Johannes ist mit heiligem Geist erfüllt (1,15), Jesus aber durch das Kommen des heiligen Geistes auf Maria »gezeugt« (1,35). Die theologische Leitidee des Evangelisten Lukas ist dabei: Johannes, obwohl der Größte unter denen, die von einer Frau geboren sind (7,28), ist doch nur der Vorläufer Jesu.[62]

Das Strukturprinzip überbietender Parallelität setzt sich in der Darstellung vom Beginn der Tätigkeit des

62 Vgl. J. ERNST, Johannes der Täufer, 114.

Johannes und Jesu fort. Zunächst scheint das Wirken des Johannes hineingenommen zu sein in das universale Geschehen der Gottesreichverkündigung, die die Jesuszeit und die Zeit der Kirche prägt, obwohl der Evangelist Lukas niemals seinen Johannes die Nähe des Reiches verkündigen lässt (ganz anders Mt 3,2). Denn der Synchronismus in Lk 3,1 f. schließt den Täufer mit der universalen Tendenz der Zeit des Evangeliums zusammen, wenn er das Auftreten des Täufers in einen weltgeschichtlichen Horizont stellt. Ja, das Wirken des Vorläufers und Wegbereiters soll die Voraussetzung schaffen, dass alles Fleisch das Heil Gottes schauen wird, wie es in Erweiterung des Jesajazitats (40,4 f.) in Lk 3,5 f. heißt. Andererseits aber erfolgt eine sachliche Trennung zwischen Johannes und Jesus. Denn Lukas lässt den Täufer von der Bühne abtreten, bevor Jesus getauft wird. Er schildert ja die Gefangennahme des Täufers (3,19 f.), ehe er die Taufe Jesu erzählt (3,21), bei der – gegen die Tradition (Markus) – Johannes keine Erwähnung findet. Man braucht keine reflektierte Theologie der Heilsgeschichte (Johannes als Vertreter der alten, Jesus als Vertreter der neuen Zeit) hinter dem erzählerischen Einschub 3,19 f. zu vermuten. Dennoch scheinen die Gründe für das erzählerische Verschwinden des Johannes vor dem Auftritt Jesu evident zu sein. Johannes hat seine Aufgabe mit seiner Umkehrpredigt erfüllt. Die theologische Unterordnung unter Jesus drückt sich aus, auch wenn zunächst – entsprechend dem Prinzip der Parallelität zwischen Johannes und Jesus – das Wirken des Täufers in das Licht eines universalen Heilsanspruchs getaucht wird (3,1–6), das aber alsbald dem Prinzip der Überbietung weichen muss. Jesus allein ist der kommende Stärkere, der mit heiligem Geist und Feuer taufen wird (3,16).

Bezeichnend ist auch der erzählerische Einschub in die vorgegebene Markusvorlage in Lk 3,15. Bevor Johannes das Kommen des Stärkeren ankündigt, der mit heiligem Geist und Feuer taufen wird, fügt der Evangelist Lukas eine einleitende Bemerkung ein, die anscheinend ein Missverständnis über die Rolle und Funktion des Johannes beseitigen soll:

»Da aber das Volk in Erwartung stand und alle in ihren Herzen sich über Johannes Gedanken machten, ob er nicht etwa der Messias sei...«

Johannes ist eben nicht der Messias, und die Notwendigkeit, dies gesondert zu betonen, verrät wohl, dass »das Volk«, d. h. letztlich auch manche Kreise unter den Lesern, sich entsprechende Gedanken über Johannes gemacht haben. Das Darstellungsprinzip überbietender Parallelität, das die Johannesdarstellung bei Lukas bestimmt, lässt annehmen, dass der Evangelist sich mit einer besonderen Hochschätzung des Täufers konfrontiert sieht, der er partiell folgt, der er aber die alles entscheidende Überordnung Jesu entgegensetzt. Lukas stellt gegenüber solchen Tendenzen, die er zu kennen scheint, die Favoritenrolle Jesu heraus. »Er versucht zu zeigen, daß schon Johannes Jesus als den Christus angekündigt hat, und er betont ihm gegenüber immer wieder die Vorrangstellung Jesu.«[63]

Möglicherweise ist in diesem Zusammenhang auch die auffallende Auslassung der Geschichte von der Hinrichtung des Täufers zu sehen (Mk 6,17–29). Die Geschichte endete bei Markus mit der Bemerkung, dass die Jünger des Johannes kamen, seinen Leichnam nahmen und in einem Grab bestatteten (6,29). Vielleicht wollte Lukas jeder Märtyrerverehrung des

63 P. BÖHLEMANN, Jesus und der Täufer, 63.

Täufers wehren, ja ihn überhaupt nicht als Märtyrer erscheinen lassen, wenn er die ganze Geschichte samt Schluss übergeht. Stattdessen möchte Lukas auch an dieser Stelle Jesu Messianität im Vergleich zu Johannes herausstellen. Nach dem Referat über mancherlei Gerüchte über das Wirken Jesu (manche sagten: Johannes sei von den Toten auferweckt, Elija ist erschienen, einer der alten Propheten sei auferstanden), lenkt Lukas deutlich vom Thema Johannes ab, indem er Herodes sagen lässt (Lk 9,9):

»Johannes habe ich selbst enthaupten lassen. Wer aber ist dieser, über den ich solche Dinge höre?«

Mit dieser Frage ist Jesus statt Johannes wieder zentrales Thema der Darstellung. Dementsprechend folgt sogleich die Speisung der Fünftausend, die dadurch betont christologische Bedeutung gewinnt, dass sie zwischen der Frage des Herodes (»wer aber ist dieser...« 9,9) und dem Christusbekenntnis des Petrus steht (9,20): Jesus ist kein auferstandener Johannes, dem irgendeine Verehrung zukommt, sondern der Christus Gottes.

3.4.3. Der Täufer als Tugendlehrer, als Prediger einer ethisch rechten Gesinnung

Es deutete sich oben schon an, dass der Evangelist Lukas seinen Johannes apokalyptisch-eschatologischer Züge entkleidet, wenn er eine Identifizierung mit Elija vermeidet (Auslassung von Mk 9,11–13). Dazu kommt: Johannes ist zwar Vorläufer und Wegbereiter – aber er ist dies nicht mehr im Sinne der jüdisch gedachten Vorläuferschaft vor dem eschatologischen Gerichtstag Gottes (Mal 3,23) oder christlich gedacht, vor der alsbaldigen Wiederkunft des Menschensohnes Jesus, der in Kürze als Feuerrichter agieren wird (so Q: Mt 3,11 f. par Lk 3,16 f.).

Lukas hat die Wegbereitung durch Johannes nicht mehr strikt eschatologisch verstanden, sondern auf die ethische Bekehrung bezogen. Das wird sich nicht erst angesichts der sog. Standespredigt ergeben (3,10–14), die die zuvor geforderte Umkehr (3,7–9) als Gesinnungswandel im alltäglichen Verhalten akzentuiert, sondern deutet sich bereits innerhalb der lukanischen Vorgeschichte, den sog. Kindheitsgeschichten, an.

Gemäß der Geburtsankündigung des Johannes wird es dessen Aufgabe sein, »viele Söhne Israels zum Herrn, ihrem Gott, zu bekehren« (1,16). Er wird nicht Elija sein, sondern nur »im Geist und der Kraft Elijas« wirken. Dabei wird er die schon in Mal 3,23 erwähnte Umkehr der Herzen der Väter zu den Söhnen so gestalten, dass er die »Ungehorsamen zur Gesinnung der Gerechten« führt. Es geht jetzt nicht mehr um die eschatologisch gedachte Versöhnung der Generationen (so Mal 3), sondern um die rechte ethische Einsicht des Einzelnen – eben das, was nach hellenistischer Vorstellung die richtige, an Gott orientierte Denkweise und Tugend darstellt. Johannes wird also durch Schaffung dieser ethischen Gesinnung dem Herrn »ein gerüstetes Volk« bereiten.

Dieselben Motive prägen auch die lukanische Bearbeitung im Lobgesang des Zacharias, dem sog. Benedictus (1,68–79). Denkt der wohl dem Evangelisten vorgegebene Text in eher national-religiösen Kategorien, wenn er im Eingang Gott preist, dass er seinem Volk Erlösung gebracht hat durch das Auftreten des Messias (1,68 f.), und setzt sich diese jüdische bzw. judenchristliche Ausrichtung auch sonst im zu Grunde liegenden Text fort, so lässt die Zielangabe in 1,74 f. doch eine andere Interpretation zu. Ziel der Erlösung, die Johannes als Vorläufer vorbereiten wird – er soll ja dem Herrn vorausgehen und ihm die Wege bereiten

(1,76) – ist es, dass Gott gedient wird »in Frömmigkeit und Gerechtigkeit« (1,75). Dasselbe ist wohl gemeint, wenn als Ziel der Tätigkeit des Vorläufers die »Erkenntnis des Heils« genannt wird, die zur Vergebung der Sünden führt (1,77). Das bedeutet im Blick auf die Gesamtanschauung des Lukas: Diese »Erkenntnis« gelingt, wenn der Mensch sich dem Anruf der Stimme Gottes zuwendet.

Für den Zusammenhang in Lk 1,68 ff. ist entscheidend wichtig: Ziel der Wegbereitung, die durch den Vorläufer Johannes erfolgt, ist das Leben »in *Frömmigkeit* und *Gerechtigkeit*« (1,75). Denn mit diesen beiden Begriffen werden in hellenistisch-jüdischer Tradition die beiden Hauptgesichtspunkte des jüdischen Gesetzes benannt. Man versuchte die Vielzahl jüdischer Einzelgesetze systematisch zu ordnen und auf zwei Grundtugenden entsprechend griechischer Tradition zurückzuführen. So heißt es z. B. bei Philo von Alexandrien (SpecLeg II 61–63):

»Und es gibt sozusagen zwei Grundlehren, denen die zahllosen Einzellehren und Sätze untergeordnet sind: im Bezug auf Gott das Gebot der Gottesverehrung und *Frömmigkeit*, im Bezug auf Menschen das der Nächstenliebe und *Gerechtigkeit*.«

Ähnlich lautet es an anderer Stelle bei Philo (Abr 208), wenn er vom vorbildlichen Menschen spricht:

»Bei demselben Menschen findet man gewöhnlich beides, *Frömmigkeit* gegen Gott und *Gerechtigkeit* gegen die Mitmenschen.«

»Fromm und gerecht« sind die ethischen Vorzüge des wahren Menschen (Philo, Vit Mos II 108).

Das Ideal eines Lebens »in Frömmigkeit und Gerechtigkeit«, das in Lk 1,75 als Aufgabe des Wegbereiters Johannes begegnet, taucht auch sonst im lukanischen Geschichtswerk auf. Der greise Simeon darf das gekommene Heil schauen, weil er »gerecht«

und »fromm bzw. gottesfürchtig« ist (2,25), wobei an dieser Stelle im Griechischen nur ein anderes Wort für »fromm« steht. Jesus selbst ist »heilig« und »gerecht« (Apg 3,14). Kornelius erweist sich als »gerechter und gottesfürchtiger Mann« (Apg 10,22). Jeweils werden zwei ethisch ausgerichtete Grundtugenden erwähnt, die dann in Lk 1,75 die Grundmaxime des Tugendlehrers Johannes bezeichnen.

Und in der Tat: Schauen wir auf die Predigt Johannes des Täufers in Lk 3, so tritt uns Johannes als ethischer Lehrer entgegen, zu dem ihn der Evangelist Lukas gemacht hat. Dementsprechend fragt ihn auch die Menge: »Lehrer, was sollen wir tun?« (3,12). Es ist schon eine gewaltige Uminterpretation, die Lukas vornimmt. Aus dem eschatologischen Gerichts- und Umkehrpropheten, der in letzter Stunde die Menschen aufrütteln will, um sie vor dem Vernichtungsgericht zu retten, ist der vorbildliche Tugendlehrer Johannes geworden, der ethische Verhaltensmaßstäbe für das alltägliche Leben vermittelt. Lukas hat diese Umdeutung mit einfachen literarischen Zügen vollzogen; umso mehr muss erstaunen, wie weitreichend seine Neuinterpretation greift. Er hat die ihm aus der Spruchquelle Q bekannte Umkehrpredigt des Johannes, die ganz naheschatologisch mit dem Gericht Gottes argumentiert (Lk 3,7–9), ihres ursprünglichen Charakters dadurch entkleidet, dass er sie mit der sog. Standespredigt Lk 3,10–14 verbunden hat, die die zuvor geforderte Umkehr als Gesinnungswandel im alltäglichen Verhalten versteht. Wenn in der lukanischen Fassung der Täuferpredigt Johannes zum hellenistischen Tugendprediger wird, der hauptsächlich Wohltätigkeit und Genügsamkeit anmahnt (3,10–14), so liegt hier eine entsprechende Umdeutung vor, wie sie – etwa zur gleichen Zeit am Ende des 1.

Jahrhunderts – der jüdische Historiker Josephus bei seiner Johannesdarstellung vornimmt. Auch bei ihm mutiert Johannes zum Tugendlehrer, der die Juden dazu auffordert, »Gerechtigkeit gegeneinander und Frömmigkeit gegenüber Gott« zu üben (Ant. 18,116–119) – die ziemlich genaue Entsprechung dessen, was bei Lk 1,75 Ziel der Tätigkeit des Vorläufers Johannes ist. Ungleich konsequenter als Lukas tilgt Josephus aber alle eschatologischen Züge, die dem geschichtlichen Täufer eignen. In jedem Fall besteht hier eine interessante historische Parallelität, wenn zwei Autoren den geschichtlichen Täufer so umdeuten, dass sie unabhängig voneinander zu einem erstaunlich übereinstimmenden Bild von Johannes kommen.

Allerdings ist es nötig, diese These im Einzelnen an der lukanischen Fassung der Umkehrpredigt Johannes des Täufers zu verifizieren. Auf den ersten oberflächlichen Blick könnte es so scheinen, dass Lukas das aus der Spruchquelle vorgegebene Täuferbild einfach übernimmt, wenn er den von dort stammenden Formulierungen in Lk 3,7–9.17 fast wörtlich folgt. Dennoch wird sich zeigen, dass sich auf Grund der Kombination von Lk 3,7–9 mit der neu geschaffenen Standespredigt 3,10–14 der Charakter des Ganzen wandelt. Auch kleinere Änderungen gegenüber der Matthäusparallele zielen auf eine generelle Umdeutung.

Es fällt zunächst auf, dass die Gerichtspredigt des Johannes nicht mehr zu »vielen von den Pharisäern und Sadduzäern« gesprochen ist (Mt 3,7), sondern zu der »Volksmenge« (Lk 3,7). Adressat der Täuferpredigt ist nicht eine bestimmte Gruppe aus dem Volk, sondern das Volk als solches. Nur die später erwähnten Zöllner (V. 12 f.) und Soldaten (V. 14) sind als bußwillige Volksangehörige herausgenommen. Dem Volk als solchem droht das Gericht; dementsprechend werden

Taufwillige davor gewarnt, sich der Rettung aus dem kommenden Gericht zu sicher zu sein. Dabei ist zu fragen, wie Lukas, der die eschatologische Naherwartung des Endes aufgegeben hat, dies im Text der Q-Vorlage ausgedrückte bevorstehende Gericht (Lk 3,9) versteht. Es ist dabei zu prüfen, wodurch sich das angesagte Gericht möglicherweise schon ereignet hat. Denn in der Tat: Aus der Perspektive des Evangelisten hat sich das in 3,9 angekündigte Gericht wohl bereits vollzogen. Er hat es auf den großen Jüdischen Krieg mit der Zerstörung Jerusalems bezogen, in dem das jüdische Volk, so weit es sich Jesus verweigerte (2,34 f.), sein Strafgericht erfuhr.[64] Wer keine »Früchte der Umkehr« bringt, verfällt dem Vernichtungsgericht, das im Bild vom Feuergericht angedroht ist. Wenn diese Einschätzung der lukanischen Deutung des Q-Textes stimmt, der ursprünglich ganz naheschatologisch dachte, insofern die Axt *schon* an die Wurzel der Bäume gelegt ist (3,9), dann ist bei Lukas der naheschatologische Horizont aufgegeben, weil sich das dem Volk angekündigte Gericht in einem geschichtlichen Ereignis bereits vollzogen hat (Jüdischer Krieg).

Diese Aufgabe des eschatologischen Charakters der Umkehrpredigt hat weitere Konsequenzen. Johannes der Täufer fordert nach Lukas nicht mehr die »Frucht würdig der Umkehr« (vgl. aber Mt 3,8), die beim historischen Johannes und noch in Q einen einzigen umfassenden Akt der Lebenswende angesichts des drohenden Endgerichts meinte. Der Evangelist interpretiert den einen grundsätzlichen »Akt der Umkehr ethisch und zerlegt ihn in den Gesinnungswandel und die diesem folgenden ›guten

---

64 G. SCHNEIDER, Das Evangelium nach Lukas, Kapitel 1–10, ÖTK 3,1, [3]1994, 86.

Werke‹«.[65] Lukas sagt bezeichnenderweise nicht mehr »Frucht würdig der Umkehr«, sondern formuliert gegenüber Mt (Q) pluralisch: »Bringt *Früchte* würdig der Umkehr«, weil es ihm um ethische »gute Werke« geht.[66] Was er konkret damit meint, wird sofort deutlich, wenn man auf die folgende Standespredigt schaut. An drei Einzelmahnungen (an die Menge, die Zöllner und Soldaten Lk 3,10–14) exemplifiziert Lukas, wie die »Früchte der Umkehr«, die Johannes in seiner Predigt fordert, zu verstehen sind. Es geht um karitative Wohltätigkeit gegenüber Armen (3,10), Genügsamkeit und Verzicht auf überhöhte Abgabenforderungen seitens der Zöllner und Verzicht auf Misshandlung und Erpressung seitens der Soldaten (3,12–14). Thema ist nicht mehr der eine eschatologisch motivierte Akt der Umkehr, sondern ethische Einzelforderungen, die im Alltag einzulösen sind. Das Bild des eschatologischen Buß- bzw. Umkehrpredigers Johannes ist damit bei Lukas gründlich verlassen. Er hat sich der Gestalt des Täufers in seinem Interesse, in seinem Sinne bemächtigt. Er stellt den Täufer als Lehrer dar (3,12), der sozialethische Maßregeln setzt, die auch sonst zu den ethischen Forderungen des Evangelisten gehören.[67] Der Täufer hat bei ihm sein apokalyptisch wirkendes Gewand abgestreift und ist eben zum ethischen Tugendlehrer geworden, der auch der christlichen Gemeinde zur Zeit des Lukas etwas zu sagen hat. Diesem Verständnis des Täufers als eines Lehrers der Gemeinde entspricht dann die abschließende Wendung Lk 3,18:

---

65 P. Hoffmann, Studien zur Theologie der Logienquelle, 17 f.
66 G. Schneider, a. a. O., 86.
67 Vgl. F. W. Horn, Glaube und Handeln in der Theologie des Lukas, GTA 26, Göttingen 1983, 93 f.

»Auch noch mit vielen anderen Mahnungen verkündete er dem Volk die Heilsbotschaft.« Das Gewicht des Satzes liegt auf dem Vordersatz und seinem Verbum. Es entspricht dem Bild eines urchristlichen Lehrers, wenn hier die Paränese als vordringliche Aufgabe des Täufers begegnet.

Dabei scheint die ganze, von Lukas so komponierte Rede des Täufers (3,7–17) einem verbreiteten frühchristlichen Predigtschema zu entsprechen, das in einem Dreischritt erfolgt: Gerichtsdrohung (3,7–9) – Paränese (3,10–14) – Verweis auf den endzeitlichen Richter (3,16–17). Doch geht es nicht mehr wie beim historischen Johannes um den nahen Richter; denn der lukanische Johannes ruft nicht mehr die Nähe des Gerichts aus, sondern die Nähe des Messias Jesus (3,15 f.). Im Vordergrund steht beim lukanischen Johannes der Aufruf zur Bekehrung als Änderung des Lebenswandels, der auf die stereotype, dreimal wiederholte Frage »Was sollen wir tun?« (3,10.12.14) eine Antwort gibt, die der frühchristliche Prediger auch sonst erteilt. Der Johannes des Evangelisten Lukas transportiert den ursprünglich eschatologischen Bußruf in zeitlose, immer gültige Mahnung. Für die Anschauung der Spruchquelle hat noch die folgende Einschätzung Gültigkeit: »Die Johannes zugesprochene Vorläufer- und Wegbereiterfunktion ... ist gegenüber den späteren christlichen Interpretationen noch in vollem Sinne eschatologisch qualifiziert: Johannes in Person signalisiert den Anbruch des Eschatons, er eröffnet die letzte Periode der Geschichte.«[68] Ganz anders Lukas: Sein Johannes ist sozusagen enteschatologisiert, er hat keinen Bezug mehr zu den Endereignissen, die jetzt einer nicht abschätzbaren Zukunft

68 P. HOFFMANN, Studien zur Theologie der Logienquelle, 63.

angehören. Seine Wegbereitung orientiert sich nicht mehr an einer einmaligen Umkehr vor dem Ende, sondern zielt auf die ethische Bekehrung in der sich dehnenden Zeit. Die Antwort, die der lukanische Johannes auf die Frage gibt: »Was sollen wir tun?« hat Plausibilität auf Grund ihres ethischen Inhalts, sie überzeugt nicht angesichts der endzeitlichen Dringlichkeit der Mahnung; denn Letztere existiert so nicht mehr. Es wird dabei bleiben: Johannes ist bei Lukas zum Lehrer ethischer Mahnungen mutiert, der eine ähnliche Wandlung erfahren hat wie derselbe Johannes beim jüdischen Historiker Josephus, der ihn zum apologetischen Tugendprediger gemacht hat (Ant. 18,116–119).

Abschließend ist noch herauszustellen, wie denn die besondere Unterordnung des Täufers unter Jesus, die unter 3.4.1. und 3.4.2. erörtert wurde, mit der Anschauung zu vermitteln ist, dass er als ethischer Tugendprediger für Lukas von besonderer Bedeutung ist. Es wurde ja schon deutlich: Johannes ist nur Wegbereiter und Ankündiger des Messias, nicht dieser selbst. Lukas entfaltet seine Christologie, indem er Jesus von Johannes abgrenzt. Johannes verliert jede eschatologisch akzentuierte Eigenbedeutung (er ist nicht Elija), sondern verheißt das Kommen des Stärkeren, der das Heil vermitteln wird. Dies könnte »von der apologetischen Absicht getragen sein, Menschen, die Johannes den Täufer als Messias verehrten oder die sich zumindest fragten, ob er nicht der verheißene Messias war [vgl. Lk 3,15], mit der Autorität ihres Lehrers zu versichern, daß nicht er, sondern Jesus der Messias war.«[69] Hier dürfte eine wie auch immer geartete Täuferverehrung das Gegenüber sein, ohne dass man

69 P. Böhlemann, Jesus und der Täufer, 215.

eine mit der christlichen Gemeinde konkurrierende Täufergruppe erschließen kann, die gar zur »Täufersekte« geworden ist. Man wird eine bestimmte eschatologisch gesinnte Täuferverehrung annehmen dürfen, wie sie schließlich auch die Spruchquelle Q voraussetzt. Eine erkennbare Abgrenzung von dieser Täuferanschauung lässt Lukas immerhin erkennen.

Wie aber verhält sich dazu die positive Tendenz, Johannes als ethischen Lehrer zu zeichnen? Die Ant-

Abb. 12: Johannes als Prediger, Bronzetür von Andrea Pisano, Florenz (1330/35)

wort ist längst vorbereitet. Johannes ist für Lukas ja Wegbereiter und Vorläufer des Christus Jesus (7,27), der die Ungehorsamen »zur Gesinnung der Gerechten« führen soll (1,17) und ein Leben »in Frömmigkeit und Gerechtigkeit« (1,75 f.) zum Ziel hat. Als derjenige, der ethische »Früchte zur Umkehr« im Alltag fordert (3,10–14), hat Johannes sein ursprünglich naheschatologisches Gewand abgestreift, ja jede eschatologische Eigenbedeutung verloren (er ist keinesfalls der wiederkommende Elija oder gar der Messias). Als ethischer Tugendprediger, der diesen Wandel vollzogen hat, kann er in den Dienst des Christus Jesus treten und dessen ethische Verkündigung vorbereiten. Diese Funktionalisierung des Täufers auf Jesus hin ist eben ein Grundanliegen des Lukas. Er tut dies in christologischer Hinsicht, indem er auf den eigentlichen Heilbringer vorausweist; er tut dies aber auch im Hinblick auf den besonderen Inhalt der Paränese. Wohltätigkeit und Genügsamkeit gehören zum Forderungskatalog der Standespredigt des Johannes, in ungleich ausführlicherer Weise predigt der lukanische Jesus das Entsprechende als Auslegung des Liebesgebots (vgl. Lk 6,27–38; 10,25–37). Die Rolle des Täufers als ethischer Lehrer und seine Funktionalisierung auf Jesus hin setzen gleichzeitig seine Enteschatologisierung voraus. Nur als der Wegbereiter des Christus, der seine geschichtliche Heilsfunktion im Ganzen der sich zeitlich zerdehnenden Heilsgeschichte besitzt, nicht als Wegbereiter einer nahenden apokalytischen Richtergestalt (sei es Gott oder der kommende Menschensohn) kann Johannes der Täufer für Lukas von Bedeutung sein.

3.4.4. Ursprüngliche Täufertradition bei Lukas?

Die Frage wurde oben schon erörtert, ob Lukas gegen eine besondere, gar messianische Hochschätzung des

Täufers polemisiere. Die abgrenzende Bemerkung in Lk 3,15 f. (vgl. auch Apg 13,25) könnte dafür sprechen. Denn wenn der Evangelist Lukas Johannes selbst betontermaßen versichern lässt, dass nicht er, sondern Jesus der Messias sei, und dies gegenüber einer Volksmeinung, die gerade Johannes zu favorisieren scheint, so könnte dies auf entsprechende Vorstellungen bei Täuferanhängern hindeuten. Sicherheit und Klarheit ist hier aber nicht zu erreichen. Dies wäre nur möglich, wenn bestimmte Texte aus neutestamentlicher Zeit eindeutig als Äußerungen eventueller Täuferkreise identifiziert werden könnten. Man hat dies in der Forschung auch versucht und im zweiten Teil des Benedictus Lk 1,76–79 ursprünglich auf den Täufer Johannes bezogene Aussagen zu finden geglaubt. Es geht besonders um jenen geheimnisvollen »Spross aus der Höhe« (1,78), der auf Grund der Barmherzigkeit Gottes angeblich in der Gestalt des »Messias« *Johannes* als Licht auf Erden erschienen sei.[70] Es heißt ja im Lobpreis des Vaters Zacharias (Lk 1,76 ff.):

(76) »Und du aber, Kindlein, wirst Prophet des Höchsten genannt werden; denn du wirst vor dem Herrn herwandern, seine Wege zu bereiten und (77) Erkenntnis des Heils seinem Volk zu bereiten in Vergebung der Sünden, (78) wegen des gnädigen Erbarmens unseres Gottes, auf Grund dessen uns heimsuchen wird der Spross aus der Höhe, zu erscheinen denen, die in Dunkelheit und Todesschatten sitzen, dass er ausrichte unsere Füße auf den Weg des Friedens.«

Im jetzigen Textzusammenhang stellt Lk 1,76–79 ein Orakel oder eine Prophetie über die Zukunft Johannes des Täufers dar, der Vorläufer und Wegbereiter des

70 Vgl. P. Vielhauer, Das Benedictus des Zacharias (Lk 1,68–79), in: Ders., Aufsätze zum Neuen Testament, ThB 31, 1965, 39–41; O. Böcher, Art. Johannes der Täufer, TRE 17, Berlin/New York 1988, 178.

Herrn bzw. der Messias Jesus sein wird, der seinerseits als »Spross aus der Höhe« denen erscheinen wird, die im Todesschatten leben. Dass in dem ganzen komplizierten Satzgebilde ursprünglich mehr über Johannes ausgesagt sei als der Gedanke der Wegbereitung, dass er selbst nämlich der »Spross aus der Höhe« sei, ist allerdings schwerlich nachzuvollziehen.

Der Versuch, Anschauungen aus Täuferkreisen über ihren Favoriten Johannes in Lk 1,76 ff. zu finden, scheitert wohl aus mehreren Gründen:

a) Dass sich die Aussage in Lk 1,78 vom »Spross aus der Höhe« auf Johannes den Täufer beziehen lässt, wäre nur auf Grund der vorangehenden Ankündigung in Lk 1,76 f. ermöglicht, die auf den neugeborenen Johannes abzielt. Erkennt man aber, dass sich die Formulierungen in 1,76 f. dem Evangelisten Lukas verdanken, der die Beziehung auf den Täufer in den Kontext redaktionell überhaupt erst einbringt,[71] dann verliert die These, der Zusammenhang, besonders 1,78, mache eine ursprünglich vorgegebene Aussage über diesen, ihre Voraussetzung. Nur 1,76 f. ermöglicht die eventuelle Identifikation des »Sprosses aus der Höhe« mit dem Täufer. Diese Verse stammen aber vom Evangelisten selbst, der sie antithetisch dem in 1,32 von Jesus Gesagten zuordnet: Jesus wird groß sein und sogar Sohn des Höchsten genannt werden (1,32), Johannes dagegen wird nur Prophet des Höchsten heißen und Wegbereiter des Herrn sein (1,76). In dieser Antithetik zeigt sich die redaktionelle Tendenz des Lukas. Man wird mit der Möglichkeit zu rechnen haben, dass ein ursprünglicher Hymnus nur die Verse 68 f.71–75 und 78 f. umfasste, während V. 70 und besonders V. 76 f. von der Hand des

---

71 U. Mittmann-Richert, Magnifikat und Benediktus. WUNT 2. Reihe 90, Tübingen 1996, 37–49.

Evangelisten stammen, der sekundär erst den Täuferbezug herstellt.[72]

b) Was als mögliche Täuferprädikation in Lk 1,78 erscheinen könnte, nämlich jener geheimnisvolle »Aufgang aus der Höhe«, der den Täufer zu einer himmlischen Lichtgestalt macht, entpuppt sich bei näherem Hinsehen, d. h. bei genauerer Übersetzung (»Spross aus der Höhe«), als schlichter Messiasname, der sich an der Ausdrucksweise von Sach 3,8 und 6,12 LXX orientiert. Der fragliche Begriff meint vor allem den Messias, der durch seinen Namen »Spross« eindeutig als davidischer Messias ausgewiesen ist, ganz in Entsprechung zur Messiasanspielung in Lk 1,69. Wahrscheinlich haben Judenchristen in dem dem Evangelisten Lukas zu Grunde liegenden Hymnus 1,68 f.–75.78 f. die Geburt Jesu (!) in einer Weise besungen, die alttestamentlich-jüdische Messiastraditionen auf Jesus bezog.[73] In keinem Fall aber liegt Täufertradition in 1,78 vor; erst Lukas hätte die Beziehung auf diesen durch die redaktionelle Akzentsetzung in 1,76 f. hergestellt.

Anders steht es bei zwei Geschichten, die Lukas in sein Kindheitsevangelium eingebaut hat: die Ankündigung der Geburt Johannes des Täufers (1,5–25) und die Geburt und Namensgebung des Johannes (1,57–66 a). Beide Geschichten gehören wohl ursprünglich zusammen und bildeten einen unmittelbaren Zusammenhang, der jetzt nur durch den lukanischen Einschub 1,26–56 (Ankündigung der Geburt Jesu usw.) getrennt ist. Der erste Teil (1,5–25) erzählt, wie ein Engel dem Priester Zacharias, der wie seine Frau Elisabet schon in vorgerücktem Alter ist, die überraschende Geburt eines Sohnes ankündigt, der Johannes heißen und Großes in Israel bewirken soll.

---

72 Ebd.

73 A. a. O., 133.151 f.

Weil Zacharias ungläubig bleibt und ein Zeichen fordert, legt der Engel einen Strafbann auf ihn; er muss stumm sein, bis sich die Ankündigung erfüllt. Als Johannes geboren ist, kommt es im zweiten Teil der ganzen Erzählung (1,57–66a) zur wunderhaft geschilderten Namengebung des Kindes, wobei der Strafbann des Zacharias gelöst wird und er Gott wegen der Geburt des Sohnes preisen kann. Die ganze legendenhafte Geschichte endet mit der ahnungsvollen Frage: »Was wird wohl aus diesem Kind werden?«(1,66), womit sie auf die spätere göttliche Bestimmung des Johannes verweist. Die gesamte Erzählung ist von uneingeschränkter Verehrung des Johannes geprägt und erwartet von ihrem Helden die von Mal 3,23 prophezeite Wiederherstellung Israels (1,17). Man hat dabei zu Recht betont: »Es zeigt sich . . ., daß die Legende von der Geburt des Täufers 1,5–25 durch die Verkündigungsgeschichte Jesu nur unterbrochen wird und erst in Lk 1,57–66 ihr sach- und stilgemäßes Ende erreicht. Denn erst bei der Namengebung des Neugeborenen wird der über Zacharias im Tempel verhängte Strafbann gebrochen, wird also die mit dem ersten Teil der Legende gegebene Spannung gelöst. Diese Johannes-Legende ist einheitlich und ihrer Art nach jüdisch, nicht christlich. Denn was die Christen von dem Täufer zu sagen wissen, wird hier überhaupt nicht erwähnt, seine Stellung als Vorläufer, seine Unterordnung unter Jesus spielen keine Rolle; im Gegenteil, Johannes wird in 1,15 genauso uneingeschränkt ein »Großer« genannt wie später in 1,32 Jesus selbst. Die Legende stammt also von jüdischen Verehrern des Johannes, d. h. aus Kreisen der Täuferbewegung selbst.«[74] Im Großen

74 M. Dibelius, Die Formgeschichte des Evangeliums, Tübingen [3]1959 120 f.; ähnlich H. Schürmann, Das Lukasevangelium. Erster Teil, HThK III/1, 1969, 95 f.

und Ganzen wird man dieser Einschätzung zustimmen dürfen. Sicherlich hat der Evangelist Lukas bei der sprachlichen Gestalt der gesamten Erzählung hier und da eingegriffen, doch wird man der Grundthese, dass hinter 1,5–25 und 1,57–66 eine ursprünglich zusammenhängende Legende greifbar ist, die jüdischen Täuferkreisen entstammt, einiges Gewicht beimessen dürfen. Was das zu Grunde liegende Täuferbild betrifft, sei das Wesentliche betont: Von einer Unterlegenheit des Täufers unter Jesus, die christlicher Tendenz entspräche, ist in der Geburtsgeschichte des Täufers nichts zu merken. Die ganze Erzählung ignoriert ja, was für Christen die Täufergeschichte überhaupt erzählenswert gemacht hätte. Man wird Lk 1,15 in jüdischem Sinn verstehen dürfen: Johannes wird groß vor dem Herrn sein, d. h. ein großer Prophet werden, was etwa jüdische Tradition vom Propheten Jesaja aussagt (»der große und in seinen Gesichten vertrauenswürdige«, Sir 48,22), was auch in dem Jesuswort über Johannes den Täufer Lk 7,28 anklingt. In der Botschaft des Engels an Maria nimmt Lukas das Prädikat »groß« für Jesus auf und überbietet es christologisch, wenn er Jesus »Sohn des Höchsten« sein lässt (1,32). Das aber ist christliche Umprägung einer vorgegebenen jüdischen Anschauung, wie sie 1,15 zu Grunde liegt. Für diese These spricht das folgende Argument: »Es ist nicht glaublich, daß ein Christ, wenn er aus Eigenem frei gestaltete, den Heiland und seinen Vorläufer mit dem gleichen Beiwort bedacht hätte. Hier ist von keiner Unterlegenheit, also auch von keinem christlichen Gesichtspunkt etwas zu spüren.«[75] Allerdings ist am Ende doch noch ein Gegenargument zu berücksichtigen: Es fällt auf, dass ausgerechnet die

75 M. Dibelius, Jungfrauensohn und Krippenkind, in: Ders., Botschaft und Geschichte I, Tübingen 1953, 4.

Ankündigung in 1,15–17, die die zukünftige Aufgabe des Johannes beschreibt, keine Andeutung über das enthält, was Johannes von allen anderen Heilskündern der damaligen Zeit unterscheidet: seine Tauftätigkeit. Dass Täuferanhänger gerade diesen Aspekt seines Wirkens in einer Zukunftsweissagung über ihren Meister verschwiegen haben, gibt zu denken. Man muss sich dann eventuell mit der Erklärung zufrieden geben, die auf die Eigenart solcher Weissagungen verweist: »Daß die Legende den heiligen Mann, nicht den Urheber der Taufe darstellt, darf nicht befremden; Kindheitslegenden bewegen sich häufig in allgemeinen Andeutungen über die künftige Größe ihres Helden.«[76]

3.5. *Das Täuferbild im Johannesevangelium*

Das johanneische Täuferbild unterscheidet sich erheblich von dem der anderen Evangelien. Das Johannesevangelium zeigt eine Christianisierung des Täufers, die ihn seiner ursprünglichen Eigenart völlig beraubt und ihm gar keine eigene theologische Bedeutung mehr beimisst. Auffällig ist dabei zunächst die positive Zeichnung der Gestalt: Er ist von Gott gesandt – bezeugt den johanneischen Christus – durch ihn sollen alle zum Glauben kommen (1,6–8). Diese besondere Würdigung des Täufers geschieht jedoch nicht ihm zu Ehren, sondern hat dienende Funktion in Bezug auf die Person Jesu. Johannes wird zum ersten Christuszeugen, und zwar im Zusammenhang des großen Prozesses, der sich vor den Lesern des Evangeliums zwischen Jesus und den ungläubigen Juden abspielt. In solcher Funktion ist er im Prozess, »welcher im JohEv gegen den Unglauben geführt wird, ein wichtiger

76 A. a. O., 8.

Zeuge der Anklage. Für diese Rolle wird er... zum bekennenden ›ersten Christen‹.«[77] Mit dieser Charakterisierung sind wir allerdings der Detailanalyse vorausgeeilt, die nun nachzuholen ist.

3.5.1. Die Bedeutung des Täufers im Prolog Joh 1,1–18

Es besteht in der Forschung eine weitgehend übereinstimmende Meinung, dass der vierte Evangelist seinem Evangelium ein ihm vorgegebenes Lied über den himmlischen Logos = Christus voranstellt, das er aber mindestens in den Versen 6–8 und 15 durch Hinzufügungen bearbeitet hat. Diese Verse unterbrechen den sonstigen Zusammenhang auf empfindliche Weise und deuten auf den Evangelisten als Autor, der das Logoslied mit den weiteren Ausführungen seines Evangeliums verknüpfen wollte (1,19 ff.). In V. 6–8 und 15 taucht Johannes der Täufer unvermittelt auf, was dann auf die Fortsetzung in 1,19 ff. vorausweist. In jedem Fall haben wir in Joh 1,6–8.15 die erste Erwähnung Johannes des Täufers vor uns, die geradezu programmatisch auf seine weitere Erwähnung in diesem Evangelium hindeutet. Es heißt da:

V. 6–8 »Ein Mensch trat auf, von Gott gesandt, sein Name war Johannes. Dieser kam zum Zeugnis, um über das Licht Zeugnis abzulegen, damit alle durch ihn zum Glauben kämen. Er war nicht (selbst) das Licht, sondern sollte nur Zeugnis geben über das Licht.«

V. 15 »Johannes legt Zeugnis über ihn ab und ruft: Dieser war es, von dem ich sagte: Der nach mir kommt, ist mir voraus, denn er war vor mir.«

Nachdem die bekannten Anfangsverse des Johannesevangeliums vom präexistenten ewigen Logos handeln: »Im Anfang war der Logos und der Logos war

77 M. STOWASSER, Johannes der Täufer im Vierten Evangelium, ÖBS 12, Klosterneuburg 1992, 53.

bei Gott...«, springt V. 6 zur Geschichtsdarstellung über, und zwar in ganz feierlichem Ton. Im Stil einer alttestamentlichen Prophetenberufung führt der Evangelist den Täufer mit dem sonst für Jesus und den Parakleten (vgl. 3,17.34; 5,38; 14,26; 15,26) gebrauchten Begriff des »gesandt sein von Gott« ein. Auch der Täufer hat danach seinen Auftrag und seine Legitimation von Gott. Deutlich ist also zunächst der positive Zug des johanneischen Täuferbildes. Dazu gehört auch die gewichtige Funktion seines geschichtlichen Auftretens. Er ist Zeuge für Jesus, der zugleich der himmlische Logos ist. Sein Zeugnis ruft zum Glauben an Jesus auf, der das eigentliche Licht der Welt ist. Es ist ein verpflichtendes Zeugnis, das in die Entscheidung ruft und im Falle der Zurückweisung gerichtsrelevanten Charakter besitzt, wie der spezifisch johanneische Zeugnisbegriff nahe legt (vgl. nur 5,39 mit 5,45 f. und 7,7). In den späteren Ausführungen (1,32 f.) wird der Evangelist präzisieren, inwiefern Johannes unvertretbarer Zeuge ist, der für Jesus als Heilsperson seine Botschaft ausrichtet.

Angesichts dieses positiven Täuferbildes, das sich in den ersten Versen des Johannesevangeliums abzeichnet, fällt die negative Abgrenzung auf (1,8):

»Er war nicht (selbst) das Licht, sondern sollte nur Zeugnis geben über das Licht.«

Deutlich wird hier, dass der Satz gegen eine Überschätzung des Täufers als Heilsperson argumentiert. Wie allgemein angenommen, richtet er sich gegen eine überspitzte Täuferverehrung in Kreisen, die in einer Konkurrenzsituation zur johanneischen Gemeinde gestanden haben. Haben solche Täuferanhänger Johannes als »Licht« verehrt, was der entsprechenden Charakterisierung Jesu zuwiderlief? Doch ist unsicher, ob man den pointierten Schluss ziehen darf, dass die Gemeinde des Evangelisten um eine solche Verehrung des Täufers gewusst hat. Nicht alles, was dem Täufer im Johannesevangelium abgesprochen wird, ist ihm von seinen Anhängern zugesprochen worden. Es genügt die Annahme, Johannes sei von Anhängern in irgendeiner Weise als Heilsgestalt verstanden worden, ohne dass *via negationis* die Schlussfolgerung zwingend ist, Johannes sei als »das Licht« geglaubt worden, das in einer Welt der Finsternis leuchtet. Genaueres wird man nicht sagen dürfen (vgl. unten). Es genügt die Annahme, dass die Einfügung von V. 6–8 in den Zusammenhang des Logosliedes mit der Schwierigkeit ringt, dass es eine Überschätzung der heilsgeschichtlichen Rolle des Täufers gegeben hat, der der Evangelist entgegentritt.

Diese Tendenz gilt auch für den Einschub V. 15, der den vorgegebenen Zusammenhang von V. 14 und 16 noch stärker unterbricht als vorher V. 6–8:

»Johannes legt Zeugnis über ihn ab und ruft: Dieser war es, von dem ich sagte: Der nach mir kommt, ist mir voraus, denn er war vor mir.«

Der Evangelist lässt jetzt den Täufer selbst sprechen und die allein gültige Rangordnung zwischen sich und Jesus klarstellen. Die Absicht dabei ist deutlich: Wenn der Täufer selbst seine Unterordung unter Jesus bezeugte, dann konnten seine Anhänger eigentlich nichts anderes sagen. Der Täufer selbst betont die Vorrangstellung des Fleisch gewordenen Logos Jesus (1,14) und begründet sie mit dessen Präexistenz: »Denn er war vor mir.« Dabei ist die Aussage des Täufers feierlich eingeleitet und bewusst präsentisch formuliert: Was dieser in der Vergangenheit gesagt hat, gilt auch jetzt, wenn der Evangelist seine Aussage als gültiges Zeugnis wiederholt. Das bedeutet inhaltlich: »Die laute, nicht mehr verstummende Stimme des Johannes bezeugt für alle Zeit dem Inkarnierten, daß er der Größere war.«[78] Doch warum ist dies dringend nötig? Was ist das Problem, das den Evangelisten beschäftigt, dass er Johannes den Täufer selbst als Kronzeugen aufbietet, um das Verhältnis zwischen ihm und Jesus zu klären? Wir deuteten das Problem schon an. Spezielle Anhänger Johannes des Täufers werden das gegenüber Jesus zeitlich frühere Auftreten des Täufers gegen Jesus und für ihren Meister ausgespielt haben. Man hat wohl in der Forschung zu Recht vermutet, dass in den damaligen antiken Kontroversen das zeitliche Argument der Priorität eines bestimmten Autors oder Schulhauptes einem anderen gegenüber eine große Rolle spielte. Dem antiken Argumentationsschema folgend, werden Anhänger des Täufers auf Grund des zeitlich früheren Auftretens ihres Meisters dessen Vorrangstellung behauptet haben. Die anderen Evangelien, die das Zeitargument noch nicht kannten, haben zur Degradierung des Täufers gegriffen. Dieser sei unwürdig, selbst zu niedrigstem Sklavendienst für Jesus (Mk 1,7; Mt 3,11; Lk 3,16). Der vierte Evangelist bietet eine souveräne Lösung des Problems. Ohne den Täufer an dieser Stelle abzuwerten, lässt er diesen selbst feierlich proklamieren, dass der zeitlich nach ihm Kommende (Jesus) dem Rang nach über ihm stehe, weil er in Wirklichkeit vor ihm existierte, eben als Logos, der im Anfang bei Gott war (1,1). Damit wird Johannes der Täufer zum besonderen Zeugen der Hoheitschristologie des vierten Evangeliums, wenn er Jesus als den Mensch

78 R. SCHNACKENBURG, Das Johannesevangelium. 1. Teil, HThK IV/1, ^{2}1967, 249.

gewordenen ewigen Logos bekennt, der in Ewigkeit vor ihm war. Gegen seine ursprüngliche historische Bedeutung ist er jedenfalls völlig christianisiert – ohne eine eigenständige Relevanz, doch für das Johannesevangelium der erste Zeuge Jesu. Man hat in dieser Darstellung eine »Meisterleistung« gesehen, die darin besteht, »den Täufer in den Farben eines atl. Boten und Zeugen Gottes gemalt zu haben, was dem Verständnis des Täufers selbst sowie seiner späteren Gemeinde sicher nahe kam... Es ermöglichte sowohl eine Integration der Täuferanhänger in die joh. Gemeinde als auch, der umstrittenen Gestalt des Johannes theologisch einen Platz zuzuweisen.«[79] In der Tat: Wenn der Täufer als Zeuge für Jesus deklariert wurde und selbst für Jesus Partei ergreift, so konnte das dazu dienen, schwankende Täuferanhänger für die christliche Gemeinde zu gewinnen. »Der Täufer als gottgesandter Zeuge war eine viel subtilere Waffe gegen die Täufergemeinde als ihn... zum Pseudomessias oder negativen Prinzip... zu degradieren, wie die judenchristlichen Pseudoclementinen dies später taten«[80] (vgl. unten 3.5.5.).

3.5.2. Das Zeugnis des Täufers für Jesus in Joh 1,19–34

In diesem Abschnitt übt Johannes der Täufer die Funktionen aus, auf die er im vorangehenden Prolog festgelegt wurde: Er legt Zeugnis ab. Dementsprechend lautet der Beginn in 1,19: »Und dies ist das Zeugnis des Johannes...« Dabei gliedert sich der gesamte Abschnitt zunächst in einen dialogischen Teil, der sich mit der Gestalt des Täufers unter zwei

79 M. Stowasser, Johannes der Täufer im Vierten Evangelium, 43.

80 A. a. O., 43.

Fragestellungen beschäftigt (Wer bist du? 1,19–23 – Warum taufst du? 1,24–28), und anschließend in einen monologischen Teil, der das eigentliche Christuszeugnis des Täufers enthält (1,29–34).

Der dialogische Teil 1,19–28 sieht Johannes in einer Auseinandersetzung mit »den Juden«. Diese agieren hier als eine einheitliche Front, die Johannes entgegentritt, sei es, dass zunächst Priester und Leviten aus Jerusalem Fragen stellen (V. 19–23), sei es, dass Gesandte aus der Gruppe der Pharisäer ihn verhören (V. 24–28). Und in der Tat: Die Art der Darstellung betont den offiziellen Charakter der Anfrage und erinnert geradezu an ein regelrechtes Verhör. Dabei präludiert der Evangelist hier Aspekte seiner späteren Schilderung im Evangelium, wenn er schon hier »die Juden« als die negative Front erscheinen lässt, die auf die Seite des Unglaubens gehört. Die Dialogpartner aus Jerusalem disqualifizieren sich selbst (für den Evangelisten), wenn sie nach der Person des Täufers und der Bedeutung seiner Tätigkeit statt nach Jesus fragen. »Sie erhalten daher nur negativ-indirekte Aussagen zur Antwort, die allesamt auf Jesus hinweisen, ohne freilich von ihnen verstanden zu werden.«[81] Auffallend ist ja, dass Johannes zunächst erklärt, wer er nicht ist: der Christus, Elias, der Prophet – Titel, von denen insgeheim der erste, von den Juden nicht verstanden, auf Jesus weist. Das Forum in 1,19–28 repräsentiert die Juden und ihren Unglauben, der Täufer gerät dabei zum ersten Belastungszeugen gegen sie. Was aber ist seine positive Antwort auf die Fragen der Juden? Es ist eine Antwort, die nur der Glaube versteht. Der Evangelist spielt hier auf jene alte

81 M. STOWASSER, Johannes der Täufer im Vierten Evangelium, 140.

Tradition an, die in Johannes den Wegbereiter des Herrn, d. h. hier Jesus, sieht (vgl. Mk 1,2). Doch ist diese charakteristisch verändert. In Mk 1,2–3 liegt ja eine Verbindung des Zitats aus Mal 3,1 und Jes 40,3 vor, um Johannes als Vorläufer und Wegbereiter Jesu zu kennzeichnen. Der vierte Evangelist lässt das Zitat Mal 3,1 ganz aus und lässt Johannes nicht mehr, wie noch Mk 1,2, als ausdrücklichen Vorläufer und Wegbereiter erscheinen; er verkürzt zudem das Zitat aus Jes 40,3 um eine Zeile, wenn man Joh 1,23 mit Mk 1,3 vergleicht. Aus der umfänglichen Schriftcharakterisierung des Täufers, wie sie noch in Mk 1,2–3 begegnet, wird die kurze Aussage (1,23):

»Ich (bin) die Stimme eines Rufenden in der Wüste:
Macht den Weg des Herrn eben!«

Johannes ist nur noch der »Rufende«, was mit der sonstigen Zeugenfunktion übereinstimmt, nicht mehr der Vorläufer; denn der eigentlich präexistente Logos Jesus kann keinen Vorläufer haben. Ansonsten gilt es im Blick auf Joh 1,23 nur noch zu beachten: Im Unterschied zu Markus und den anderen synoptischen Evangelien ist hier die christliche Umdeutung von Jes 40,3 dem Täufer direkt in den Mund gelegt, womit wiederum seine Rolle als Christuszeuge sichtbar wird.

In der Auseinandersetzung mit Johannes fragen die jüdischen Repräsentanten ihn schließlich: »Warum taufst du denn, wenn du nicht der Christus bist, noch Elia, noch der Prophet?« Der erste Teil der Antwort ist negativ abgrenzend, um die Rolle des Täufers von der Jesu abzuheben: »Ich taufe (nur) mit Wasser...« (1,26). Diese Abgrenzung bereitet auf die spätere, kurz danach folgende Rede des Täufers vor, wonach Jesus es sein wird, der mit heiligem Geist tauft (1,32 f.). Die Johannestaufe hat demnach keine Geist vermittelnde

Kraft. Der Täufer weist von sich weg und hin auf Jesus, wie es die durchgehende Tendenz des ganzen Abschnittes darstellt. Auffallend ist allerdings, wie der Täufer die jüdischen Abgesandten auf Jesus verweist. Er findet Worte, die diese von der allein entscheidenden Offenbarung in Christus ausschließt: »Mitten unter euch steht der, den ihr nicht kennt.« »Über den Worten ›den ihr nicht kennt‹ liegt eine dunkle Schwere: Ihnen (den Juden) wird die Gottesoffenbarung nicht zuteil … Ähnlich wird der joh. Jesus seinen ungläubigen Gesprächspartnern entgegenhalten, daß sie seine wahre Herkunft und sein Wesen nicht kennen (8,14.19) …«[82] Doch schon der Täufer nimmt dieses Thema vorweg; er präludiert somit, was der johanneische Christus verkünden wird.

Überblickt man die bisherige Schilderung über das Auftreten Johannes des Täufers, so bleibt festzuhalten, dass der Täufer keine Eigenbedeutung mehr hat, sondern allein als Zeuge der Christusoffenbarung interessiert. Man muss sich ja vor Augen halten, dass die ursprüngliche Gerichtspredigt des Täufers völlig fehlt. Es findet sich nicht einmal ein Nachklang dessen, was Matthäus und Lukas noch von dem Gerichtspropheten Johannes zu berichten wissen (Mt 3,7 ff.; Lk 3,7 ff.). Es bleibt nur die karge Notiz über seine Tauftätigkeit übrig: »Das geschah in Bethanien jenseits des Jordan, wo Johannes taufte« (1,28). Doch erfährt der Leser nichts mehr über die heilsmittlerische Qualität der ursprünglichen Johannestaufe, die ja Sündenvergebung bewirken sollte (Mk 1,4). Stattdessen proklamiert Johannes in einer neuen Szene, die am darauf folgenden Tag spielt, Jesus als Lamm Gottes, der seinerseits die Sünde der Welt trägt (1,29).

---

82 R. SCHNACKENBURG, Das Johannesevangelium. 1. Teil, 282.

Abb. 13: Johannes der Täufer verweist auf Christus, koptisches Tetra-Evangeliar (12. Jh.)

Mit 1,29 setzt der ganz und gar monologische Teil ein (1,29–34). Die neue Szene ist zeitlich von der vorherigen abgesetzt. Wer jetzt die Zuhörer sind, bleibt unklar, möglicherweise ein größerer Kreis, der Israel repräsentiert (vgl. 1,31). Wichtig ist die neue Szene schon deshalb, weil der Evangelist hier zum ersten Mal Jesus erzählerisch auftreten lässt, um ihn dann vom Täufer identifizieren zu lassen. Dabei knüpft die Täuferrede bewusst an das an, was vorher im Prolog (1,15) schon Inhalt seines Zeugnisses war (1,30). »Er hat mir den Rang abgelaufen« heißt es wieder, wenn der Täufer Jesus mit den Worten präsentiert: »Nach mir kommt ein Mann, der mir voransteht, weil er vor mir war.« Erneut wird durch die Präexistenzaussage der grundsätzliche Vorrang Jesu begründet. Dabei ist für den vierten Evangelisten eben charakteristisch, dass er dies bereits den Täufer sprechen lässt: »Die tiefen christologischen Aussagen der Urkirche schon im Munde des Täufers!«[83] Er ist eben der erste

83 R. SCHNACKENBURG, Das Johannesevangelium. 1. Teil, 289.

Christuszeuge – vom Evangelisten ganz und gar christlich vereinnahmt. Johannes interessiert nicht mehr als Täufer, auch wenn seine Taufe nochmals (nach 1,28) erwähnt wird (1,31). Dies geschieht aber in einer Weise, die mit der ursprünglichen Johannestaufe nichts zu tun hat. Die Taufe des Johannes dient nach dieser völligen Umprägung ihrer Bedeutung der Offenbarung des alleinigen Heilbringers Jesus: »... damit er Israel offenbar werde, deshalb kam ich und taufte mit Wasser« (V. 31). Die Taufe des Johannes erhält einen rein auf die Person des Offenbarers Jesus bezogenen Sinn.

Wenn der Leser das Johannesevangelium bis hierher gelesen hat, wird er wahrscheinlich erwarten, dass anschließend – nach dem Vorbild der anderen Evangelien – die Schilderung der Taufe Jesu durch Johannes folgt. Aber weit gefehlt. Die Taufe Jesu wird nicht mehr erzählt. Der Evangelist folgt damit einer verbreiteten Tendenz im frühen Christentum, wonach die Taufe Jesu durch Johannes zurückgedrängt wird. Schon Mt 3,14 f. verrät ja andeutend die Schwierigkeit, die frühe Christen mit der Taufe Jesu hatten, weil sie die Priorität Jesu in Frage stellte; Ähnliches mag den Evangelisten Lukas bewogen haben, der in Lk 3,21 f. nicht mehr ausdrücklich die Taufe Jesu durch Johannes erwähnt, ja von dieser Taufe erst spricht, nachdem Johannes von der Bildfläche verschwunden ist (3,20). Jedenfalls schildert der vierte Evangelist wohl bewusst nicht mehr die Taufe Jesu durch Johannes, obwohl er in 1,32–34 deutlich erkennen lässt, dass er von der Taufe Jesu wusste. Er spielt auf die Taufszene an, wie sie die Synoptiker kennen (Mk 1,9–11 par), ohne die Taufe Jesu durch Johannes noch zu schildern. Die Betonung der Selbständigkeit Jesu, der als der Präexistente anscheinend der Taufe nicht bedarf, erlaubte wohl nicht, den in der Tradition vorgegebenen Taufbericht einfach unverändert wiederzugeben.

Stattdessen muss der Täufer, über das schon in 1,30 Gesagte hinaus, Jesus identifizieren, d. h. ihn Israel offenbar machen (1,31). Mit feierlichen Worten legt er über die nur ihm bekannte himmlische Autorität Jesu Zeugnis ab (1,32–34). Johannes hat den Juden gegenüber etwas voraus, was ihn zu seinem Zeugnis in besonderer Weise legitimiert: Er kennt das von Gott festgesetzte Erkenntniszeichen, woran man Jesu bleibenden Geistbesitz und damit auch seine Eigenschaft als den Gesandten Gottes festmachen kann (1,32–33):

»Ich sah den Geist wie eine Taube vom Himmel herabkommen, und er blieb auf ihm. Auch ich kannte ihn (vorher) nicht. Aber der mich gesandt hat, mit Wasser zu taufen, der sagte zu mir: Auf wen du den Geist herabkommen und auf ihm bleiben siehst, der ist es, der mit heiligem Geist tauft.«

Jesus als alleiniger Geistträger ist die entscheidende Heilsgestalt, der Täufer hat ihm gegenüber nur die sekundäre Funktion, den zu identifizieren, der mit heiligem Geist tauft. Trotz dieser dienenden Funktion ist die Rolle, die der vierte Evangelist seiner Johannesgestalt gibt, in gewissem Sinne beachtlich: Er allein, er als Erster ist durch Vision und Audition, d. h. durch göttliche Erleuchtung, gewürdigt, Jesus bei seinem ersten Auftreten als Heilsbringer zu identifizieren. »Gott selbst gab ihm das rechte Verständnis. Gott selbst steht nun aber auch in einer doppelten Weise hinter seinem Zeugnis: Er autorisiert sein Zeugenamt, und er verbürgt den Inhalt seines Zeugnisses.«[84] Trotz dieser grundsätzlichen Wertschätzung des Täufers als göttlich autorisierter Zeuge Jesu bleibt es bei der Unterscheidung beider: Die Wassertaufe des Johannes hebt sich

---

84 R. SCHNACKENBURG, Das Johannesevangelium. 1. Teil, 304.

grundlegend von der Geisttaufe Jesu ab; erstere hat keinerlei Heilsfunktion. Sie ist allenfalls wie ein Schatten der eigentlichen messianischen Taufe. In diesem Sinne fasst Johannes sein Zeugnis am Schluss der gesamten Szene 1,29–34 mit den Worten zusammen:

»Und ich habe (dies) gesehen und habe bezeugt: Dieser ist der Sohn (oder: der Erwählte) Gottes« (1,34).

Danach bleibt ihm nur noch die Aufgabe übrig (im Gegensatz zu den Synoptikern), Jesus die eigenen Jünger zuzuführen (1,35 ff.). Fasst man die bisherigen Beobachtungen zusammen, so kommt man letztlich zu dem Schluss: Das Verhältnis zwischen Jesus und Johannes ist nicht im Sinne eines »mehr oder weniger«, sondern nur als »totaliter-aliter« zu beschreiben. Jesus ist nicht mehr nur »der Stärkere« (so Mk 1,7 – »der Stärkere« wird in Joh 1,27a ausgelassen), sondern der ganz Andere. Johannes hat ihn als der »Rufende« (1,23) nur anzukündigen, mehr nicht.

3.5.3. Jesus und der Täufer am Jordan: Letztes Zeugnis Johannes des Täufers über Jesus (3,22–30)

Der kleine Abschnitt hat Eigentümlichkeiten, die besonders im Verhältnis zu den Synoptikern auffallen müssen. Dazu gehört einmal die Ortsangabe in V. 23: »Aber auch Johannes taufte in Aenon, nahe bei Salim, weil dort viel Wasser war.« Diese Aussage ist singulär; sie lässt die Tauforte Jesu und Johannes des Täufers weit entfernt voneinander liegen (Jesus tauft im judäischen Land – Johannes wohl in Samaria). Zum anderen fällt auf, dass Jesus überhaupt getauft haben soll, was nur in 3,22.26 erwähnt wird, nicht aber in den anderen Evangelien, und bereits in 4,2 korrigiert wird. Erst in V. 25 beginnt das eigentliche, szenisch gestaltete

Geschehen. In ihm wird von einem Streit berichtet, der von der Gruppe der Täuferjünger seinen Ausgang nimmt und mit einem »Juden« geführt wird, und zwar über die »Reinigung«, womit wohl die jeweilige Tauftätigkeit gemeint ist. Die erwähnte Gestalt bleibt ein wenig rätselhaft und im Kontext funktionslos; man hat deshalb gemeint, hier sei ursprünglich von Jesus die Rede gewesen, weil nachher Johannes so antwortet, als bestünde zwischen seinen Jüngern und Jesus ein Disput. Doch spricht die überwiegende Textüberlieferung von einem »Juden«. Man kann seine Erwähnung dann etwa so verstehen, dass sich die Johannesjünger an einen Juden wenden, der sich von Jesus hat taufen lassen bzw. taufen lassen will.

Wie dem auch sei, im Zusammenhang der ganzen Szene interessiert nur, dass es zu einem Streit kommt, bei dem die Johannesjünger ihren Meister zu einer Stellungnahme über Jesu Wirken veranlassen können. Sie beklagen sich über die Tauftätigkeit und den Tauferfolg Jesu (V. 26). Wichtig ist danach allein die Antwort, die der Täufer gibt, in der er erneut (vgl. Joh 1) ein christologisches Zeugnis über Jesus abgibt (3,27–30). Nicht die Tauftätigkeit des Johannes oder Jesu interessiert den Evangelisten wirklich; sie ist nur szenischer Anlass für die christologisch geprägte Rede des Johannes.

Zunächst antwortet Johannes mit einem auf den ersten Blick allgemein klingenden Grundsatz (V. 27). Nach dem Zusammenhang ist wohl gemeint, dass Jesus nicht die vielen Menschen an sich ziehen könnte, wenn ihm Gott nicht die Macht dazu verliehen hätte. Wichtiger ist der folgende Satz des Täufers in V. 28. Er erinnert seine Jünger daran, dass er die Christuswürde für sich bereits früher abgelehnt habe (1,20). Die notwendig gewordene Wiederholung dieser Thematik wird ihren Grund in der Abgrenzung gegenüber Johannesverehrern haben, die ihrem Meister eine Position beigelegt haben, die für den Evangelisten eine Infragestellung Jesu als des alleinigen Heilsbringers bedeutete. Der Evangelist lässt deshalb den Täufer selbst solche Meinung korrigieren.

So auch im Folgenden: In einem allegorischen Bildwort hat Johannes der Täufer sein Verhältnis zu Jesus zu präzisieren (V. 29):

»Der die Braut hat, ist der Bräutigam. Der Freund des Bräutigams, der dabeisteht und ihn rufen hört, freut sich sehr über die Stimme des Bräutigams. Diese meine Freude hat sich nun erfüllt.«

Unter dem Freund des Bräutigams versteht Johannes sich selbst; Jesus aber ist nach diesem Bild der Bräutigam. Das gesamte Bildwort spielt auf jüdische Hochzeitsbräuche an, um so das Verhältnis des Täufers zu Jesus zu veranschaulichen. Der Freund des Bräutigams, der nach jüdischer Sitte ein Brautführer ist und bestimmte Vertrauensfunktionen ausübt, überwacht auch den ersten ehelichen Verkehr zwischen dem jungen Paar. Er steht vor der Tür des Brautgemachs und hört die jubelnde Stimme des Bräutigams, dass seine Braut noch Jungfrau war. Darüber freut er sich und sieht seine Aufgabe erfüllt. »Diese Freude ist der eigentliche Vergleichspunkt, wie das letzte Sätzchen zeigt: Seine Freude als Freund des Bräutigams – nichts anderes will der Täufer sein – sieht er nun erfüllt.«[85] Er steht im Grunde abseits, seine Funktion ist eigentlich beendet. Seine Aufgabe ist es gewesen, auf Jesus hinzuweisen, Zeugnis für die Wahrheit abzulegen, wie Joh 5,33 formuliert. Ganz entsprechend hat der Evangelist schon im Prolog präzise abgegrenzt: Johan-

---

85 R. Schnackenburg, Das Johannesevangelium. 1. Teil, 454.

nes war nicht das »Licht«, sondern er wollte über das »Licht« Zeugnis ablegen (1,8). Den vorläufigen Schlusspunkt setzt der feierliche Satz (V. 30):

»Jener muss wachsen, ich aber abnehmen.«

Johannes beendet also seine Rede mit einem Wort, in dem er Jesu »Wachstum« und sein eigenes »Abnehmen« als gottgewollte Notwendigkeit erklärt. Seine eigene Bedeutung schwindet, die des anderen, Jesus, gewinnt an Kraft. Auch hier kann man textpragmatisch eine Ausrichtung an einer Täuferverehrung annehmen, der von ihrem Meister selbst gesagt wird, dass einer Orientierung an ihm jegliche Legitimation fehlt. Jedenfalls wird der Kontrast aus V. 28 – nicht ich, sondern jener – in V. 30 aufgegriffen und zum Abschluss gebracht.

Zu erwähnen ist hier noch die Deutung der alten Kirchenväter, die in den Worten vom »Wachsen« und »Abnehmen« das Bild vom zu- und abnehmenden Sonnenlicht vorausgesetzt fanden; die Begriffe sind in diesem solaren Sinne im Griechischen durchaus belegt. Das hieße: Jesus muss nach göttlichem Willen wie ein Gestirn aufgehen, Johannes aber untergehen. Die Spekulation der Kirchenväter ging jedoch noch weiter, wenn man den Satz Joh 3,30 kalendarisch ausgedeutet hat.[86] Den Geburtstag Jesu hat man auf die Zeit der Wintersonnenwende bezogen, wenn die Sonne wieder aufsteigt (25. Dezember), den Geburtstag des Täufers, den Johannistag, auf die Sommersonnenwende, wenn die Sonne abnimmt (24. Juni); im Übrigen ergab sich auf Grund der Zeitangabe in Lk 1,26, dass der Geburts-

86 Vgl. etwa E. Norden, Die Geburt des Kindes, Darmstadt ^{3}1958, 101.108; J. Becker, Das Evangelium nach Johannes ÖTK IV/1, Gütersloh/Würzburg ^{3}1991, 183.

tag des Johannes sechs Monate vor demjenigen Jesu sein musste. Solche Überlegungen bei Augustin und Johannes Chrysostomos sind im Blick auf den kirchlichen Festkalender wirkungsgeschichtlich bedeutsam gewesen; exegetisch aber sind sie eine Überinterpretation, die keinen zureichenden Anhalt am Text des Johannesevangeliums haben.

Die gewichtige Aussage des Täufers »Jener muss wachsen, ich aber abnehmen« ist das letzte Wort, das der vierte Evangelist über ihn überliefert. Der Täufer hat seine Schuldigkeit getan, er kann gehen. Die noch ausstehenden Täuferaussagen sind Aussagen über ihn. Wie wenig die Biographie und damit Johannes als historische Person interessiert, zeigt sich besonders daran, dass entgegen der synoptischen Tradition sein gewaltsames Ende nicht berichtet wird. Der Evangelist verrät allerdings in einer eher beiläufigen Bemerkung, dass er davon gewusst hat. Denn in 3,24, zu Beginn des Streits über die Bedeutung der Tauftätigkeit, fällt der Satz: »Johannes war nämlich noch nicht ins Gefängnis geworfen.« Mehr zu sagen, schien dem Evangelisten anscheinend nicht vonnöten. Nur auf das christologische Zeugnis des Johannes kommt es an, alles andere ist unwesentlich, selbst sein blutiges Martyrium. Die Person verschwindet hinter ihrer Botschaft, die geradezu monoton den einen und letztlich einzigen wichtigen Grundgedanken wiederholt.

3.5.4. Abschließender Rückblick auf das Wirken des Täufers (Joh 5,31–36; 10,40–42)

In Joh 5,33–36 geht es um den Stellenwert des Täuferzeugnisses, das anders nuanciert erscheint als in Joh 1, insofern es eine Relativierung erfährt, die so bisher nicht im Blick war. Der Grund ist folgender: Es geht hier gar nicht primär um die Rolle des Täufers im

Verhältnis zu Jesus, auch wenn dieses Thema vorausgesetzt ist, wenn Jesus über Johannes sagt (5,33):

»Ihr (d.h. Juden) habt zu Johannes gesandt, und er hat für die Wahrheit Zeugnis abgelegt.«

Das erinnert natürlich an entsprechende Aussagen in Joh 1,7f.15 oder 1,32.34. Johannes ist für den vierten Evangelisten Zeuge für die Wahrheit. Die Juden haben deshalb mit Recht zum Täufer gesandt (1,19.24); er ist beauftragter Wahrheitszeuge gewesen. Doch ist dies nicht das eigentliche Thema des Abschnittes Joh 5,31–36. Es geht jetzt – für den Evangelisten viel zentraler – um die grundlegende Legitimationsproblematik Jesu selbst, der sich im Rechtsstreit mit den Juden rechtfertigen muss, um seine Glaubwürdigkeit als der eine Offenbarer Gottes in der Welt nachzuweisen. Die Gestalt des Johannes interessiert in diesem Zusammenhang nur noch bei der Frage, ob Johannes bei diesem Rechtsstreit mit den Juden als vollgültiger Zeuge für die Legitimität Jesu gelten kann. Und da heißt die Antwort: Nein. Johannes zeugte zwar für die Wahrheit, »aber er steht dennoch außerhalb des für Jesus akzeptablen Legitimationsvorganges.«[87] Als Mensch hat der Täufer nur eine Art Hilfsfunktion. Er kann helfen, damit Menschen durch Jesus gerettet werden. Letztlich kann aber Gott allein die Legitimität seines Offenbarers begründen. Und darum geht es bei der Argumentation in Joh 5,31–36.

Jesus beginnt die Darlegung seiner Legitimität mit einem damals allgemeinen Rechtsgrundsatz: Ein Selbstzeugnis, eine Versicherung in eigener Sache hat keine Verbindlichkeit, hat damit für den eigenen Anspruch keine Beweiskraft: »Wenn ich für mich selbst

87 J. BECKER, Das Evangelium nach Johannes, 303.

Zeugnis ablege, ist mein Zeugnis nicht wahr« (V. 31). Wenn Jesus nur behaupten würde, dass er »der Sohn« sei und damit Gott gleich, hätte sein Zeugnis keine rechtsgültige Legitimation. Dazu braucht man zwei unabhängige Zeugen (8,17). Nun geht es bei Jesu Anspruch nicht um irgendeinen irdischen Sachverhalt, sondern um seinen göttlichen Wahrheitsanspruch. Deshalb kann seine Legitimierung nicht durch irdische Instanzen erfolgen, sondern muss in einzigartiger Weise geschehen, durch Gott selbst. Dieser ist in V. 32 gemeint, wenn es heißt: »Ein anderer ist es, der für mich Zeugnis ablegt, und ich weiß, dass sein Zeugnis, das er für mich ablegt, wahr ist.« Ansonsten beglaubigen »die Werke, die der Vater mir gegeben hat, damit ich sie ausführe« Jesu Zeugnis (V. 36), so dass dem gültigen Rechtsgrundsatz (8,17) Genüge getan ist.

Aber was ist mit Johannes, von dem es anfangs wiederholt hieß, er habe für Jesus Zeugnis abgelegt (1,15.19.32.34)? Ja, er war Zeuge für die Wahrheit, und die Juden haben zu Recht zu ihm gesandt (V. 33). Doch ist er als Mensch kein gültiger Zeuge für Jesu göttlichen Anspruch. Jesus hat ein Zeugnis, »das größer ist als des Johannes ...« (V. 36). Johannes hat mit seiner Botschaft nur eine Art Hilfsfunktion gehabt, damit die Juden gerettet würden (V. 34). Von ihm gilt deshalb (V. 35):

»Jener war eine Leuchte, die brennt und scheint; ihr aber wolltet euch (nur) eine Zeit lang an seinem Licht erfreuen.«

Das sorgfältig gewählte Bild von der Leuchte bzw. Lampe differenziert genau zwischen Jesus und Johannes: Licht ist allein Jesus als der Logos (vgl. besonders 1,7 f.), Johannes ist nur wie eine (kleine) Leuchte, über deren Schein sich die Juden anfangs freuten. Und das auch nur für eine kurze Zeit. Anstatt durch Johannes den Weg zu Jesus zu finden, weil zentraler Inhalt des

Johanneszeugnisses eben der Verweis auf Jesus war (Joh 1), haben sie nur kurze Zeit Johannes Beachtung geschenkt, so dass der Unglaube der Juden verhindert hat, dass die Hilfsfunktion des Täufers bei ihnen zum Zuge kam und sie so die Rettung erlangten.[88] Auf Grund seines Bildes vom Täufer hält der Evangelist dem Judentum vor, dass es die Gestalt des Täufers nicht wirklich erfasst und seine Botschaft nicht verstanden hat. Wichtiger noch ist dem Evangelisten aber der Satz, dass Jesus ein »größeres«, d.h. ein qualitativ überlegeneres Zeugnis hat, das für ihn spricht, als Johannes (V. 36). Es ist ein Zeugnis, das auf einer ganz anderen, nämlich göttlichen Ebene liegt, als das des Johannes. Es sind die »Werke«, die Gott ihm zu tun gegeben hat, ja »der Vater« selbst, der Jesu Wirken legitimiert (V. 37).

Joh 5,31–36 bietet im Verhältnis zu Joh 1 ein etwas zwiespältiges Bild vom Täufer. Sein Zeugnis ist gültig als Hinweis für die Menschen, damit sie zur Erkenntnis der Wahrheit kommen, dass nämlich Jesus selbst das »Licht« ist oder »die Wahrheit«. Das Täuferzeugnis ist aber kein gültiges Zeugnis, mit dem Jesus sich vor dem Forum der ungläubigen Welt legitimieren kann, weil letztlich nur Gott seinen Gesandten legitimieren kann. Diese unterschiedliche Akzentsetzung in Kap. 1 und 5 hat damit zu tun, dass jeweils eine andere Frontstellung vorliegt. In Joh 1 will der Evangelist die Gestalt des Johannes den konkurrierenden Johannesverehrern entreißen. Johannes ist nicht das »Licht«, sondern er soll nur Zeugnis über das Licht ablegen. Johannes soll mit seinem Zeugnis, das in dieser Zielrichtung ein gültiges Zeugnis darstellt, von sich selbst wegweisen auf den hin, von dem er begründet sagt: »Und ich habe (dies)

88 J. BECKER, Das Evangelium nach Johannes, 304.

gesehen und bezeuge: Dieser ist der Sohn Gottes« (1,34). In dieser Stoßrichtung gegenüber Täuferanhängern ist die Täuferbotschaft maßgebliches Zeugnis im Vollsinn des Wortes.

Anders steht es, wenn der johanneische Christus sich gegenüber ungläubigen Juden rechtfertigen muss, wenn er ihnen gegenüber im Rechtsstreit über seine göttliche Legitimität liegt (Kap. 5). Rechtsgültiger Zeuge kann dabei kein Mensch sein, auch nicht Johannes. Allein »der Vater« selbst bzw. die Werke, die er »dem Sohn« zu tun aufgetragen hat, können die Legitimation des göttlichen Gesandten bezeugen. In dieser Hinsicht muss Johannes versagen; er ist nur eine (kleine) Leuchte, an der sich die Juden eine Zeitlang erfreut haben. Mehr nicht!

Es bleibt bei einem zwiespältigen Eindruck. Und es wird wohl richtig sein, wenn über Johannes gesagt wird: »Seine Gestalt ist nicht wirklich eingeordnet, die Konturen seines Portraits sind noch im Fluß. Dies deutet darauf, daß für das JohEv die Diskussion um ihn noch nicht zur Ruhe gekommen war. Der Täufer besaß... im Widerstreit der Meinungen noch hohe Aktualität.«[89]

Dieser Eindruck wird ein letztes Mal in Joh 10,40–42 bestätigt. Die Diskussion mit konkurrierenden Täuferkreisen hat den Evangelisten nochmals dazu veranlasst, sich mit ihrer Meinung über den Täufer zu beschäftigen. Schon der Umstand, dass die letzte Aussage über den Täufer an jenen Ort versetzt wird, an welchem Johannes einst selbst wirkte, Bethanien nämlich (1,28), verleiht ihr ein besonderes Gewicht. »Viele«, d. h. solche, die zum Glauben an Jesus gelangt

---

89 M. STOWASSER, Johannes der Täufer im Vierten Evangelium, 238.

sind, nicht die »Juden«, lässt der Evangelist jetzt in besonderer Weise zu Wort kommen (10,41):

»Johannes hat zwar kein Zeichen getan; aber alles, was Johannes über diesen (Jesus) gesagt hat, war wahr.«

Der erste Satz zeigt erneut eine vorsichtige Abgrenzung gegenüber einer besonderen Täuferverehrung. Johannes hat kein einziges Zeichen gewirkt, wie betont gesagt wird, d.h. er hat sich nicht durch Zeichen und Wunder als Heilsgestalt legitimiert. Wichtiger aber ist dem Evangelisten die folgende positive Feststellung, dass die Leute das Zeugnis des Täufers für Jesus bestätigen: Alles, was er über Jesus bezeugt hat, entspricht der Wahrheit, da der Täufer konsequent auf Jesus als den eschatologischen Retter verwiesen hat. Im Blick auf die vorausgesetzte Täuferverehrung hat der Täufer nach Meinung des Evangelisten ein gültiges Zeugnis abgelegt, wenn er auf Jesus als den Heilsmittler gezeigt hat. Hier geht es nicht um den göttlichen Legitimationsanspruch Jesu, der gegenüber dem Unglauben der Juden zu vertreten ist (so aber Joh 5,33–36). An dieser Stelle sollen solche Leute zu Wort kommen, die positiv über den Täufer urteilen (»alles, was er gesagt hat…, war wahr«), dies aber zu Gunsten Jesu tun. Anscheinend geht es um Werbung bei Sympathisanten des Täufers. Deshalb die dominant positive Charakterisierung des Täufers – »ein Zug, der ehemaligen Jüngern, die in die joh. Gemeinde integriert oder auch erst für diese geworben werden sollten, einen solchen Schritt vielleicht erleichtern half.«[90] Der hochverehrte Täufer selbst wies auf Jesus als Heilsbringer; deshalb sollten sich

---

90 M. Stowasser, Johannes der Täufer im Vierten Evangelium, 237.

Täuferanhänger der christlichen Gemeinde anschließen.

Das Täuferbild des Johannesevangeliums ist dominant positiv. Allerdings wird der Täufer von der christlichen Gemeinde vollständig adaptiert. Er verliert seine charakteristische Bezeichnung, die ihn in der sonstigen urchristlichen Überlieferung noch als das charakterisierte, was er, historisch gesehen, war: der jüdische Täufer, der die Taufwilligen untertauchte. Johannes wird im Johannesevangelium nicht mehr »der Täufer« genannt, seine Tauftätigkeit wird zwar nicht verschwiegen (1,25 f.31.33; 3,23), doch ist sie christlichen Zielen dienstbar gemacht, wenn seine Taufe der Offenbarung Jesu als des Sohnes Gottes untergeordnet wird (1,31). Man hat zu Recht pointiert formuliert: »Die Verchristlichung des Täufers ist absolut. Der Täufer ist zum Freund, der Vorläufer zur Stimme, der Prophet zum Heiligen geworden.«[91] Vor allem aber ist er der Zeuge Jesu geworden, der vom Logos Jesus als dem wahren Licht Zeugnis ablegt (1,7 f.), ihn als die Wahrheit bezeugt (5,33). Johannes weist von sich weg und hin auf den, der nach der Konzeption des vierten Evangeliums der alleinige Heilsbringer ist. »Das Kreuzigungsbild des Matthias Grünewald hat diesem Grundgedanken einen gültigen Ausdruck verliehen: der Zeuge unter dem Kreuz, der mit dem überlangen Finger auf das Lamm hindeutet.«[92] Die Platzierung des Johannes auf diesem Bild geht zwar zu weit, wenn es ihn sogar unter das Kreuz stellt, wo er, zeitlich gesehen, nicht hingehört (vgl. Abb. 16). Doch zieht dieses Bild von Matthias Grünewald eine im Johannesevangelium angelegte Linie aus,

---

91 J. Ernst, Johannes der Täufer, 216.
92 A. a. O., 215.

wenn es in Joh 1,29 heißt: »Siehe, das Lamm Gottes, das die Sünde der Welt wegträgt.«

3.5.5. Täuferkreise als Zielgruppe des Johannesevangeliums

Schon seit vielen Jahrzehnten hat man in der Forschung das Johannesevangelium mit Täuferkreisen in Verbindung gebracht, die eine Front, mit der es sich auseinander setzt, darstellen sollten. Insbesondere W. Baldensperger war es, der die Täuferkreis-Polemik und -Apologetik zum Interpretationsschlüssel für das Johannesevangelium machte. Besonders der Prolog und damit der Eingang des Werkes, aber auch weitere Passagen bilden danach eine ununterbrochene Kette von Argumenten gegen die »Täuferschule« und seien nur von daher sachgemäß zu verstehen.[93] Diese Sichtweise findet sich später in dem klassischen Kommentar von R. Bultmann wieder, wenn er schreibt: »Diese Autorität (d. h. des Täufers als des Offenbarers) muß also von der Täufersekte ihrem Meister zugeschrieben worden sein; diese hat in Johannes das φῶς und damit dann doch wohl auch den fleischgewordenen präexistenten Logos gesehen.«[94] Heutzutage ist man mit solchen Schlussfolgerungen erheblich vorsichtiger geworden. Das fängt schon bei dem Begriff an, den man für die anvisierten Täuferanhänger wählt. Zu vermeiden ist der Begriff »Täuferschule«, weil er das System des rabbinischen Lehrhauses suggerieren könnte; das Gleiche gilt für die Bezeichnungen »Täufersekte« oder »Johannessekte«, weil diese auf eine Gemeinschafts-

---

93 W. Baldensperger, Der Prolog des vierten Evangeliums Freiburg 1898, 91; vgl. auch ebd., 58–92.

94 R. Bultmann, Das Evangelium des Johannes, KEK, Göttingen [16]1959, 4 f.

bildung mit hoher Binnenkohärenz und starker Außenisolation schließen ließen.[95] Es ist ein möglichst offener Begriff vorzuziehen, der das Phänomen, um das es geht, nicht von vornherein einschränkt und Vorstellungen einbringt, die an den neutestamentlichen Texten nicht zu verifizieren sind. Es drängt sich die Bezeichnung Täuferkreis auf, um eine Gruppe zu benennen, mit der sich zur Zeit der Abfassung des Johannesevangeliums die johanneische Gemeinde in einer um die entscheidende Heilsgestalt geführten Auseinandersetzung befunden hat.[96]

Der vierte Evangelist sieht in der Täuferverehrung dieser Gruppe eine mit der eigenen Christologie konkurrierende Position, die mit der Überzeugung, Jesus sei »das Licht«, »die Wahrheit« und »das Leben«, nicht zu vereinbaren ist. Zu beachten ist dabei, dass dieser Täuferkreis mit einiger Sicherheit erst Ende des ersten nachchristlichen Jahrhunderts wirklich greifbar ist – angesichts der Polemik bzw. Apologie des vierten Evangeliums. Sicher gab es Anhänger des Johannes während der Zeit seines Wirkens als Gerichtsprophet und Täufer, zumal Jesus von Nazaret eine Zeit lang dazu gehört haben wird. Eine Verehrung des Täufers gab es nach seinem gewaltsamen Tode auch in urchristlichen Kreisen, wie die Überlieferung der Täufertradition in der Spruchquelle Q und in den Evangelien deutlich macht. Als konkurrierende Formation tritt der Täuferkreis aber erst im Johannesevangelium in eindeutig sichtbarer Gestalt in Erscheinung. »Demnach ist das Täuferproblem in erster Linie ein Problem des JE; der Konflikt zwischen johanneischem Kreis und Täuferkreis ist daher relativ spät zu

95 K. Backhaus, Die »Jüngerkreise« des Täufers Johannes, 18.
96 A. a. O., 365.

datieren. Da das Evangelium im letzten Jahrzehnt des 1. Jahrhunderts entstanden ist, wird man das nachweisbare Stadium der Auseinandersetzung in diese Zeit datieren.«[97]

Gegen diese Annahme scheint nun zu sprechen, dass die Notiz in Lk 3,15 sich bereits mit Täuferanhängern auseinander setzt, die Johannes als Messias verehrt haben sollen. Dort machen sich Leute ja Gedanken, ob er nicht etwa der Christus sei. Doch ist Sicherheit aus dieser Bemerkung nicht zu gewinnen. Aus der sonstigen generellen Tendenz der lukanischen Darstellung ist jedenfalls nicht zu entnehmen, dass eine Hochschätzung des Täufers sich in gewissen Kreisen, mit denen der Lukasevangelist zu tun hat, so verdichtet hat, dass daraus eine mit der christlichen Kirche konkurrierende Gruppe geworden ist. Ähnlich steht es mit den vermeintlichen Täuferjüngern aus Ephesus in Apg 19,1–7. Dort ist von »Jüngern« die Rede, die »zum Glauben gekommen waren«, die »auf die Taufe des Johannes« getauft wurden (V. 3), die aber nicht den heiligen Geist empfangen haben (V. 2). In der Forschung besteht schon lange ein Rätselraten über diese Gruppe, und die Diskussion über sie hat bisher kaum zu einem einhelligen Ergebnis geführt. So meint man etwa, die »Jünger« in Ephesus hätten nur die vorösterliche Johannestaufe empfangen, hätten ansonsten aber die Verkündigung Jesu angenommen. Isoliert von der nachösterlichen Taufe »auf den Namen Jesu Christi«, unberührt auch von der Geistverleihung und dem Osterkerygma, hätten sie eine Frühform des Christentums bewahrt, nachdem sie aus Palästina ausgewandert waren und als Sondergruppe in Ephesus Fuß gefasst hatten. Man kann in ihnen keine

97 K. Backhaus, Die »Jüngerkreise« des Täufers Johannes, 356.

Verehrer des Täufers zur Zeit des Lukas sehen; für sie gilt ja nur, dass sie »auf die Taufe des Johannes« getauft worden sind. Eine gegenteilige Meinung geht davon aus, dass Apg 19 ein für Lukas aktuelles Problem im Blick hat, wirkliche Täuferverehrer also, ja geradezu eine »Täuferdiaspora« in Kleinasien.

Jeder Lösungsversuch hat zu beachten, dass Apg 19,1–7 gar nicht ausdrücklich von Anhängern Johannes des Täufers spricht, die eine wie immer geartete Verehrung desselben als Heilsperson einschließen. V. 2 sagt nur, dass diese »Jünger« auf die Taufe des Johannes getauft seien, also wohl nur die ursprüngliche Johannestaufe empfangen haben.[98] Von daher könnte sich folgende Lösung nahe legen: Wenn Lukas diese Leute als »Jünger« bezeichnet, die zum Glauben gekommen waren, so wird er sie wegen dieses für ihn gültigen Sprachgebrauchs in irgendeinem Sinne als Christen und damit wohl als Jesus-Anhänger verstanden haben. Sie haben zudem »die Taufe des Johannes« erhalten, d. h. diese Christen haben noch die von dem Täufer Johannes gespendete Taufe empfangen. Wie aber ist ihr Christsein zu verstehen, das in dem lukanischen Begriff »Jünger« impliziert ist und im Gläubig-werden zum Ausdruck kommt, das aber des heiligen Geistes entbehrt? Im lukanischen Sinn ist von einem rudimentären bzw. defizitären Christsein zu reden, dem der heilige Geist als Einsicht in die umfassende Heilsbedeutung von Kreuz und Auferstehung fehlt. Bei den ephesinischen Jüngern könnte es sich eben um solche gehandelt haben, die sich einst

98 A. a. O., 204 f.: Jede Belegstelle für die »Taufe des Johannes« in der Apg bezieht sich auf ein vergangenes Phänomen, nämlich auf die zur Anfangszeit Jesu von Johannes gespendete Taufe: 1,5.22; 10,37; 11,15 f.; 13,24 f.

von Johannes taufen ließen, Anhänger des irdischen Jesus wurden, dann aber die grundlegende Wende des Oster- bzw. Pfingstereignisses nicht mitvollzogen haben. Es wären also gleichsam Urjünger gewesen, die sich, einst von der Täuferbewegung angezogen, danach Jesus angeschlossen haben, dann aber den Kontakt zum Oster- und Pfingstgeschehen nicht gefunden haben. Wie dem auch sei, eine gesicherte historische Kenntnis dieser ephesinischen Jünger, die nicht hypothetisch bleibt, wird kaum erreichbar sein. Für den hier vorliegenden Argumentationszusammenhang ist aber wichtig: Das Christsein der ephesinischen Jünger ist nach lukanischer Darstellung zwar sicher defizitär; es fehlt aber jede aktuelle Konkurrenz zur christlichen Hauptströmung, wie Lukas sie versteht. Aus den ephesinischen Jüngern lässt sich keine Johannes-Sekte konstruieren, gegen die Lukas polemisieren müsste. Ihm kann es genügen, diese christliche Nebengruppe durch die Übernahme der Taufe auf den Namen des Herrn Jesus in die eine apostolische Kirche einzugliedern.

Bei der näheren Bestimmung von Kreisen, die eine Hochschätzung Johannes des Täufers als Heilsperson gepflegt haben, bleibt man auf das polemische Zeugnis des Johannesevangeliums angewiesen. Dieses ist allerdings deutlich genug, wie die bisherige Darstellung gezeigt hat. Gerade die auffallenden, den vorgegebenen Text des Logosliedes im Prolog unterbrechenden Einschübe, die von vornherein eine Klarstellung über die heilsgeschichtliche Rolle des Täufers intendieren, zeigen, dass für den vierten Evangelisten eine Abgrenzung gegenüber einer aktuellen Täuferverehrung notwendig ist. Wenn dezidiert gesagt wird: Johannes »war nicht (selbst) das Licht, sondern er sollte Zeugnis geben über das Licht« (1,8), so ist diese

Feststellung provoziert durch eine Position, die gerade in Johannes die Heilsperson sieht – in welchem Sinne auch immer. Ähnlich steht es in 1,15. Wenn der Evangelist den Täufer über Jesus sagen lässt: »Dieser war es, von dem ich sagte: ›Der nach mir kommt, ist mir voraus, denn er war vor mir‹«, so hat dies seinen guten Grund. Verehrer des Täufers werden dessen, verglichen mit Jesus, zeitlich früheres Auftreten für ihren Meister und gegen Jesus ausgespielt haben. Gegen die Täuferverehrer bietet der Evangelist den Täufer selbst als Zeugen auf, um ihre Position zu entkräften. Der Täufer verweist auf Jesu Präexistenz und relativiert damit die Täuferverehrung total.

Trotz dieser deutlichen Abgrenzung fehlt jede Verurteilung des Täufers oder seiner Anhänger. Die Auseinandersetzung wird behutsam geführt. Dominant bleibt ja die positive Zeichnung des Täufers als Christuszeuge, dessen Zeugnis als ein menschliches allerdings nicht der Legitimation Jesu als des göttlichen Gesandten dienen kann. Doch ist dies ein gesondertes Problem, das nur in der Auseinandersetzung mit den ungläubigen Juden (Joh 5) eine Rolle spielt. Trotz dieser Einschränkung bleibt Johannes »der Freund des Bräutigams«, der sich über die Stimme des Bräutigams Jesus freut (3,29). Der Evangelist schildert den Täufer so, dass seine Erwartungen und seine Freude erfüllt sind. Der Täufer selbst stellt fest: »Jener muss wachsen, ich aber abnehmen« (3,30). Natürlich enthält dieser Satz vor allem eine Selbstbeschränkung des Täufers gegenüber Jesus. Zu den Täuferverehrern gesagt, hat der Satz durchaus eine textpragmatische Funktion. Er stellt eine indirekte Aufforderung an sie dar, Gottes Willen ernst zu nehmen und ihn im Wachsen der Jesusbewegung zu erkennen. Der Evangelist wirbt hier um die Täuferkreise. Überdeutlich wird dies im letzten Wort über den Täufer in 10,41: »... alles, was Johannes über diesen (Jesus) gesagt hat, war wahr.« Das Zeugnis des Christuszeugen Johannes hat als wahr und gültig zu gelten. Sympathisanten des Täufers sollen diese Aussage zur Kenntnis nehmen und Konsequenzen ziehen. Hier geschieht ein werbendes Ringen um die konkurrierende Position der Täuferkreise, denen ihr Meister als einer geschildert wird, der selbst für Jesus als Heilsmittler Partei ergriffen hat. Man hat die Intention des Evangelisten zutreffend so charakterisiert: »Die notwendige christologische Unterordnung sowie die Reduzierung der Bedeutung seiner Tätigkeit (des Täufers nämlich), all dies wird durchwegs in Konzeptionen und Bilder gegossen, welche eine Gefahr für die joh. Glaubenswelt bannen helfen, seine Gestalt im Gegenzug jedoch mit solcher Dignität versehen, daß Konvertiten aus Täuferkreisen ein akzeptabler Weg eröffnet wird.«[99] Der Evangelist versteht es, Abgrenzung mit Werbung zu verbinden, um Schwankende aus jenen Kreisen zu gewinnen, für die Johannes herausragte, was mit der Heilsbedeutung Jesu als des Christus nicht im Einklang stand.

Lässt sich denn über die zentrale Glaubensanschauung jener Täuferkreise etwas Näheres ausmachen? Nicht ohne weiteres. Jedenfalls lassen sich die polemischen Aussagen über den Täufer im Johannesevangelium nicht einfach als positive Ansicht der Täuferanhänger werten. Man kann nur bedingt eine hoch entwickelte »Christologie« der Täufergemeinde im Blick auf Johannes rekonstruieren, die von der christlichen Gemeinde im Gegenzug bestritten wurde. Im Folgenden soll es primär darum gehen, zwei mögliche

99 M. Stowasser, Johannes der Täufer im Vierten Evangelium, 243.

Modelle zu präsentieren, wie man sich die Täuferdeutung in der Johannesgemeinde eventuell vorzustellen hat.

Die erste Position setzt bei der Beobachtung ein, dass der Evangelist Johannes den Täufer ausdrücklich bestreiten lässt, er sei Elija (1,21.25). Die Vorstellung vom wiederkommenden Elija wird in Mt 11,14 und Mk 9,11–13 als bekannt vorausgesetzt und dazu benutzt, den Täufer als Vorläufer Jesu zu bestimmen. In Johannes ist danach Elija bereits gekommen, und man ist mit ihm gewaltsam umgegangen, wie es auch Jesus getroffen hat. Das ist christliche Umprägung der Erwartung vom Elija redivivus. In Mk 9,11–13 scheint aber noch die ursprünglich jüdische Erwartung durch, wonach man die endzeitliche Wiederkunft des wunderbar entrückten Propheten Elija (2 Kön 2,1 ff.) erhoffte, der unmittelbar vor Gottes richterlichem Auftreten die Reinigung bzw. Wiederherstellung Israels bewirken sollte (Mal 3,23 f.; Sir 48,10). Es lag für die Anhänger des Täufers in der Tat nahe, ihren Johannes nachträglich mit dem Elija redivivus als Vorläufer Gottes zu identifizieren; denn der Umkehrruf angesichts des drohenden göttlichen Endgerichts gehörte zur Verkündigung des historischen Johannes wie auch zur jüdischen Erwartung des wiederkommenden Elija. Doch stellt sich die Frage, ob diese Identifikation des Täufers mit dem wiederkommenden Elija noch für die Täuferkreise Geltung hatte, die das Evangelium im Visier hat. Man argumentiert etwa so: »Wenn aber diese Erwartung nicht christologisch benutzt wurde, ist sie vielleicht am ehesten für die Täufergemeinde typisch, denn warum wird sie sonst gerade in Joh 1,21.25 mit dem Täufer verbunden?«[100]

---

100 J. Becker, Das Evangelium nach Johannes, 113 f.

Gleichwohl wird man dieser These kaum folgen dürfen. Die ziemlich pauschale Zurückweisung *aller* Hoheitstitel für den Täufer in Joh 1,20–25 (er ist nicht der Christus, nicht Elija noch der Prophet) lässt nur darauf schließen, dass seine Heilsbringerfunktion vollständig bestritten wird, wie es auch der sonstigen Tendenz des Johannesevangeliums entspricht. Hier steht nicht die spezielle Bedeutung der Erwartung des Elija im Blick.

Doch führt eine andere Spur vielleicht weiter. Man wird zwar vorsichtig sein, aus der Polemik des Evangelisten sofort Rückschlüsse auf die Position des Gegenübers zu ziehen. Immerhin scheint der Evangelist gleich zu Anfang zu deutlich klarstellen zu wollen, dass der Täufer nur der Zeuge des wahren Lichtes sei, nicht »das Licht« selber (1,8), so dass eine mit dem Begriff »Licht« in Beziehung stehende Überschätzung der heilsgeschichtlichen Rolle des Täufers zur Diskussion steht.[101] Zu beachten ist auch, dass das Lichtmotiv später wieder begegnet – ganz unvermutet, ohne dass der Kontext dies nahe legen würde. Es heißt ja von Johannes: »Jener war eine Leuchte, die brennt und scheint…« (5,35). Für den Evangelisten ist Johannes sicher nur eine kleine Leuchte, über deren Schein sich die Juden anfangs freuten; »Licht« ist Jesus allein als der ewige Logos. Immerhin bleibt auffällig, dass das Lichtmotiv erneut auftaucht, um die Bedeutung des Täufers zu kennzeichnen. Die Vermutung liegt nahe, dass man die Gestalt des Täufers in Anhängerkreisen in irgendeiner Weise mit der Lichtmetaphorik in Verbindung gebracht hat.

---

101 M. STOWASSER, Johannes der Täufer im Vierten Evangelium, 30–32.36.

Dabei ist daran zu denken, dass diese Metaphorik mit seiner Verehrung als einer messianischen Gestalt einherging,[102] zumal Joh 1,20 geflissentlich den Täufer betonen lässt, er sei nicht der Christus, was auf gegenteilige Vorstellungen in Täuferkreisen deuten könnte.

In alttestamentlich-jüdischer Tradition wie auch im judenchristlichen Bereich wird das Auftreten des Messias mit Lichtmotiven verbunden. Im vielleicht judenchristlichen Hymnus des Benediktus heißt es (Lk 1,78 f.):

»... wegen des gnädigen Erbarmens unseres Gottes,
auf Grund dessen uns heimsuchen wird der *Spross aus der Höhe*,
zu *erscheinen* denen, die in Dunkelheit und Todesschatten sitzen ...«

»Spross aus der Höhe« ist wohl ein Messiasname, wie der zu Grunde liegende Sprachgebrauch (Sach 3,8 und 6,12 LXX, der seinerseits auf Jer 23,5 und 33,15 zurückgeht) nahe legt. Sach 3,8 lautet: »Siehe, ich lasse kommen meinen Knecht ›Spross‹«, was nach Sach 6,12 dahingehend zu deuten ist, dass der Messias der Garant der Heilszeit ist, wobei der Sacharjatext eben auf dem Begriff »Spross« von Jer 23,5 f. = 33,14–16 basiert. Im Begriff selbst ist an sich das Lichtmotiv noch nicht enthalten, auch wenn das in Lk 1,78 stehende griechische Wort *anatole* den Aufgang eines Gestirns bedeuten kann. Da aber Lk 1,78 f. ausdrücklich vom Erscheinen der Heilsgestalt handelt, die denen gilt, die im Dunkel leben, ist der Lichtgedanke mit der Offenbarung des Christus verbunden. Der Text folgt hier der alttestamentlichen Weissagung Jes 9,1–6, die in einer Zeit der Not die Geburt eines messianischen Kindes ankündigt, das

102 So M. Stowasser, a. a. O., 45.

als Friedefürst (vgl. Lk 1,79b) und als umfassender Herrscher auf dem Thron Davids (vgl. Lk 1,69) dem Dasein in Finsternis und Todesschatten ein Ende bereitet. Überhaupt ist in jüdischer Tradition das Lichtmotiv mit dem messianischen Gedanken verknüpft: in TestLevi 18,2–4 mit dem priesterlichen Messias – in TestJud 24,5 f. mit dem königlichen Gesalbten:[103]

TestLevi 18,2–4
»Dann wird der Herr einen neuen Priester erwecken,
dem alle Worte des Herrn offenbart werden.
Und er wird ein Gericht der Wahrheit auf Erden halten
in einer Fülle von Tagen ...
Er wird aufleuchten wie die Sonne auf der Erde,
und alle Finsternis wird er unter dem Himmel wegnehmen,
und es wird Friede auf der ganzen Erde sein.«
TestJuda 24,5 f.:
»Dann wird das Zepter meines Königtums aufleuchten,
und an eurer Wurzel wird ein Spross entstehen.
Und durch ihn wird ein Zepter der Gerechtigkeit heraufkommen,
zu richten und zu retten alle, die den Herrn anrufen.«

Auf dem Hintergrund dieser zuletzt genannten Texte erscheint es durchaus möglich, dass eine messianische Erwartung, die das Wirken des endzeitlichen Gesalbten mit Lichtmotiven beschrieb, zu den Vorstellungen gehörte, die jüdische Täuferkreise ihrer Heilsgestalt Johannes beigelegt haben. Die Entwicklung in der Gruppe der Johannesjünger dürfte nur langsam, vielleicht auch lediglich in Reaktion auf christliche Tendenzen vor sich gegangen sein. Erst im Johannesevangelium, also am Ende des ersten christlichen Jahrhunderts, findet sich ja eine Täuferverehrung, die als Konkurrenz zur Christologie, d. h. zur Hochschät-

103 Übersetzung und Rekonstruktion des jüdischen Grundtextes nach J. Becker, Die Testamente der zwölf Patriarchen, JSHRZ III/1, Gütersloh 1974, zur jeweiligen Stelle.

zung Jesu Christi empfunden wurde. Man hat wohl zu Recht vermutet: »Die theologische Entwicklung in den Täufergemeinden verlief mit einer Phasenverschiebung parallel zur urchristlichen.«[104] Täuferverehrer hätten danach ihren Meister immer stärker herausgestellt, ihn als messianische Heilsgestalt mit Lichtmotiven ausgestattet – parallel, ja in Reaktion auf christliche Tendenzen, die die Bedeutung Jesu Christi immer exklusiver gestalteten. Die Antwort des Johannesevangeliums musste dann lauten: »Er war nicht (selbst) das Licht, sondern er sollte Zeugnis geben über das Licht.«

Eine spätere Täuferverehrung – im zweiten nachchristlichen Jahrhundert und darüber hinaus – wird man kaum annehmen dürfen. Jedenfalls sind die sog. Pseudoklementinen kein sicheres Zeugnis dafür, auch wenn der Text der Fassung der Rekognitionen dies nahelegen könnte (Rec. I 54,8):

> »Aber auch von den Jüngern des Johannes sondern sich die, die sich für großartig wähnten, vom Volk ab und erklärten ihren Meister gleichsam als Christus.«

Ein aktuelles Interesse am Täufer oder einer Täufergemeinde ist dem Text nicht zu entnehmen. Es fehlt jede polemische Schärfe. Anders steht es bei der weiteren Textrezension der Pseudoklementinen, der sog. Homilien. Das Täuferbild ist in dunklem Schwarz gemalt. Er ist geistiger Vater und Förderer des Erzketzers Simon, Haupt einer Sekte, zu der die berüchtigte Helena gehört (Hom. II 23 f.), ja Vater aller Häresien. Ob hier gegen eine tatsächlich existierende Johannessekte polemisiert wird, bleibt zweifel-

104 H. Lichtenberger, Täufergemeinden und frühchristliche Täuferpolemik im letzten Drittel des 1. Jahrhunderts, ZThK 84, 1987, 56.

haft, vielmehr legt der pseudoklementinische Kontext nur nahe, dass im Syrien des 3. oder 4. Jahrhunderts noch eine eher diffuse Erinnerung an eine Gruppe, die sich auf den Täufer Johannes berief, existiert hat.[105]

---

105 K. BACKHAUS, Die »Jüngerkreise« des Täufers Johannes, 294 f. Zu den Pseudoklementinen ansonsten W. SCHNEEMELCHER, Neutestamentliche Apokryphen II, 439 ff.

C. WIRKUNG

Wenn wir hier einen Abschnitt mit der Überschrift »Wirkung« beginnen, so ist ein kurzer Rückblick auf das bisher Dargestellte nötig. Dabei wird deutlich, dass schon das Kapitel über die Entstehung der christlichen Taufe (2.), ja schon die kurze Charakterisierung Jesu als »Täuferschüler auf Zeit« (1.8.1. und 1.8.2.) wesentliche Aspekte der Wirkungsgeschichte Johannes des Täufers behandeln. Historisch gesehen, ist Jesus von Nazaret ohne Berücksichtigung seiner zeitweiligen Zugehörigkeit zum Umkreis des Täufers nicht hinreichend zu verstehen (Taufe Jesu); noch viel weniger ist die Installierung der frühchristlichen Taufe ohne Rückgriff auf die Taufe des Johannes zu begreifen. Das früheste Christentum hat eben mancherlei Anleihen bei diesem jüdischen Propheten gemacht. Um Wirkungsgeschichte ging es dann vor allem aber im 3. Hauptteil »Das Bild Johannes des Täufers in der christlichen Sicht der Evangelien«. Die vier Evangelien haben sich eben um die Deutung dieser jüdischen Gestalt bemühen müssen, weil für sie und ihre Leser Johannes und Jesus einerseits zusammengehörten, andererseits aber grundsätzlich geschieden waren, was ihre Heilsrelevanz angesichts des überragenden Christusgeschehens angeht. Die Wirkungsgeschichte Johannes des Täufers in den kanonischen Evangelien basiert noch teilweise auf mündlichen Traditionen über den Täufer, auf einem allgemeinen Wissen über ihn, wenn auch schon für Matthäus und Lukas gilt, dass sie eine schriftliche Quelle, die sog. Spruchquelle Q, als Grundlage für ihre Auseinandersetzung mit der Gestalt des Täufers nehmen.

1. Das Täuferbild der neutestamentlichen Apokryphen

Für die judenchristlichen Evangelien, die nicht mehr Teil des neutestamentlichen Kanons geworden sind, von denen auch nur einzelne Zitate als altkirchliche Zeugnisse von Seiten der Kirchenväter erhalten sind, basiert die Wirkungsgeschichte im Wesentlichen auf der Kenntnis der kanonischen Evangelien, was auch für die spätere Wirkungsgeschichte Geltung hat.

Zuerst sei das sog. Ebionäerevangelium genannt, von dem nur einzelne Zitate bekannt sind, die der Kirchenvater Epiphanius von Salamis (ca. 315–403 n. Chr.) in seinem Panarion (»Arzneikasten«) zitiert, in dem er Heilmittel gegen 80 ausführlich geschilderte Ketzereien beschreibt. Die Sekte der judenchristlichen Ebionäer ist durch eine spezifische Christologie bekannt, worin sie die jungfräuliche Geburt Jesu leugnen und in ihrem Evangelium dementsprechend die Vorgeschichten Mt 1 und Lk 2 streichen. Das Evangelium der Ebionäer setzt die Synoptiker voraus, kann also frühestens am Anfang des 2. Jahrhunderts entstanden sein; der Kirchenvater Irenäus weiß von seiner Existenz (um 175).

Für unseren Zusammenhang ist wichtig, dass dieses nachkanonische Evangelium mit der Darstellung Johannes des Täufers einsetzt, insofern die synoptischen Vorgeschichten fehlen. Das erste bei Epiphanius überlieferte Zitat handelt vom Auftreten des Täufers (Haer. 30,13.6) in engem Anschluss an die Synoptiker. Das zweite Zitat bietet eine Charakterisierung des Täufers, die bei allem Anschluss an die kanonischen Evangelien Kurioses enthält: den Vegetarianismus der Ebionäer (Haer. 30,13.4 f.). Man akzeptierte als Kost des Täufers nur den Honig. Denn » schon sehr früh konnten sich gewisse Kreise innerhalb der Christenheit den Täufer nicht als Fleischesser denken. Fast genial möchte man die Art nennen, wie die Ebioniten in ihrem Evangelium die störenden Insekten entfernt haben.«[106] Sie deuteten die Speiseangabe in Mk 1,6 um, indem sie sich des Gleichklangs von *akris* (=Heuschrecke) und *ekris* (=Kuchen) sowie des griechischen Textes von Num 11,8 bedienten. Das Ergebnis war »Kuchen in Öl« statt Heuschrecken, was den vegetarischen Grundsätzen der Gruppe entsprach. Der Bericht über Johannes den Täufer lautete dann entsprechend:[107]

»Und Johannes hatte ein Gewand von Kamelhaaren und einen ledernen Gürtel um seine Lenden, und seine Speise war, wie es heißt, wilder Honig, dessen Geschmack der des Manna war, wie Kuchen in Öl.«

Das dritte Zitat des Epiphanius (Haer. 30,13.7 f.) schildert die Taufe Jesu durch Johannes, wobei hier der Anstoß, den die Taufe Jesu durch Johannes bereiten konnte, auf ganz eigentümliche Weise gelöst wird. Das Ebionäerevangelium geht von Mt 3,14 f. aus. Der Text handelt dort vom Zögern des Johannes, Jesus zu taufen: »Ich habe nötig, von dir getauft zu werden, und du kommst zu mir?« Erst das ausdrückliche und motivierte Verlangen Jesu führt dann zur Taufe. Bei dieser Schilderung des Mt bleibt aber dunkel, wie Johannes in dem ihm begegnenden Jesus den Überlegenen erkennen konnte. Das Ebionäerevangelium weiß die Frage auf eine Weise zu klären, die die christologische Bedeutsamkeit Jesu steigert und Johan-

---

106 W. BAUER, Das Leben Jesu im Zeitalter der neutestamentlichen Apokryphen, Darmstadt 1967 (Nachdruck der Ausgabe von 1909), 102.

107 Text nach W. SCHNEEMELCHER, Neutestamentliche Apokryphen. I: Evangelien, Tübingen ^{5}1987, 141.

nes eigentlich zum Christen macht, insofern ihm die himmlische Offenbarung über Jesus als geliebter Sohn Gottes zuteil wird. Nach der Schilderung der Taufe Jesu, der Erwähnung der Himmelsstimme an Jesus, heißt es im Ebionäerevangelium:[108]

»Und sofort umstrahlte den Ort ein großes Licht. Als Johannes dies sah, heißt es, spricht er zu ihm: Wer bist du, Herr? Und abermals (erscholl) eine Stimme aus dem Himmel zu ihm: Dies ist mein geliebter Sohn, an dem ich Wohlgefallen gefunden habe. Und da, heißt es, fiel Johannes vor ihm nieder und sprach: Ich bitte dich, Herr, taufe du mich. Er aber wehrte ihm und sprach: Lass; denn so geziemt es sich, dass alles erfüllt werde."

Erst nach der Taufe Jesu mit ihren wunderbaren Begleiterscheinungen und nach der Offenbarung an Johannes über die Würde Jesu bekundet Johannes seine Unterwürfigkeit. Er fällt vor dem Herrn nieder mit den Worten: »Ich bitte dich, Herr, taufe du mich.« Das heißt: Aus dem einfachen Ausdruck der Verwunderung Mt 3,14 ist jetzt die fußfällige Bitte geworden, ihn, Johannes, doch zu taufen. Im Unterschied zu den synoptischen Darstellungen wird Jesus als Sohn Gottes vor dem Täufer »präsentiert« und durch dessen Huldigung als solcher »akklamiert«.[109] Johannes begegnet damit eigentlich als »erster Christ«. Vielleicht lässt sich sogar sagen, dass das Ebionäerevangelium einen Weg der Interpretation des Täufers beschreitet, an dessen Ende der Täufer als christlicher Heiliger erscheint. Auf ganz andere Weise hat allerdings schon das Johannesevangelium diese Linie vorbereitet.

Eine letzte Besonderheit des Ebionäerevangeliums sei noch erwähnt. Es lässt Jesus ruhig zur Taufe an den

108 Text nach W. Schneemelcher, a. a. O.
109 W. Schneemelcher, a. a. O., 140.

Jordan ziehen, ohne das Problem der Sündhaftigkeit Jesu, das die Übernahme der Bußtaufe aufwerfen könnte, zu reflektieren.[110] Anders steht es beim ebenfalls judenchristlichen Nazaräerevangelium, von dem u. a. Zitate beim Kirchenvater Hieronymus (340/50–420 n. Chr.) erhalten sind und das in der ersten Hälfte des 2. Jahrhunderts entstanden sein kann. Nach diesem Evangelium wird Jesus von seinen Familienmitgliedern aufgefordert, sich auch zur Johannestaufe zu begeben.[111] »Johannes der Täufer«, so lauten ihre Worte, »tauft zur Vergebung der Sünden; lasst uns hingehen und uns von ihm taufen lassen.« Jesus aber erhebt zunächst Einspruch: »Was habe ich gesündigt, dass ich hingehe und mich von ihm taufen lasse?« Dahinter steht die kirchliche Überzeugung von der Sündlosigkeit Jesu (vgl. schon 2 Kor 5,21; besonders Hebr 4,15; 7,26), die den Verfasser so sprechen lässt. Dadurch, dass es nun Jesus selbst ist, der seine Sündlosigkeit bekräftigt, wird diesem dogmatischen Gedanken höchste Autorität verliehen. Doch danach gibt Jesus überraschend nach: »Es sei denn das, was ich gesagt habe, ist Unwissenheit (Unwissenheitssünde)«. Der Verfasser scheint damit eine unbewusste Sünde Jesu als Möglichkeit einzukalkulieren. Eine derartige Lösung entspräche jüdischem Gesetzesdenken, das mit unbewussten Sünden rechnete (Lev 4,2; 5,18).

Die gnostische Literatur hat kein besonders großes Interesse an der Gestalt des Täufers gezeigt. Konzentriert man sich auf das sog. Thomasevangelium, das zu der im Jahre 1946 entdeckten gnostisch-koptischen Bibliothek von Nag Hammadi gehört, ist das schwin-

---

110 W. Bauer, Das Leben Jesu im Zeitalter der neutestamentlichen Apokryphen, 111.

111 Text nach W. Schneemelcher, a. a. O., 133.

dende Interesse an der Täuferthematik deutlich zu erkennen. Nur drei der insgesamt 114 Logien des Thomasevangeliums nehmen auf Johannes Bezug.

Logion 46 stimmt in etwa mit Mt 11,11 par Lk 7,28 überein, weicht aber in seiner eigentlichen Aussagetendenz davon ab. Es lautet:[112]

»Jesus sagte: Von Adam bis Johannes dem Täufer ist unter den Kindern der Frauen keiner höher als Johannes der Täufer, denn seine Augen waren nicht zerstört (?). Aber ich habe gesagt: Wer unter euch klein wird, wird das Königreich erkennen und wird höher sein als Johannes.«

Der erste Satz über die von Frauen Geborenen spielt auf die Zerstörung der androgynen Ureinheit infolge der physischen Geburt an. Der zweite Satz handelt von den »Kleinen«, d.h. der Überlegenheit derselben, eben der unverdorben-geschlechtslosen Wesen, über die von der Frau Geborenen, als deren Letzter Johannes der Täufer erscheint. Gerade die »Kleinen«, d.h. die Gnostiker, werden das Reich »erkennen« im Unterschied zu Johannes, der als letzter und größter Exponent einer mit Adam begonnenen Ahnenreihe nur noch auf diffuse Weise geehrt wird, ansonsten aber in die gnostische Anthropologie eingeordnet wird.[113]

Logion 78 setzt Täufertradition voraus, ohne den Täufer ausdrücklich zu nennen. Der Text nimmt auf Mt 11,7 f. par Lk 7,24 f. Bezug, wobei Johannes nur im Kontext der massiven Ablehnung des weltlichen Luxus interessiert. Seine eigentliche Botschaft ist völlig vergessen; sein Gegensatz zu denen, die »weiche Kleider« tragen, dient als Anknüpfungspunkt. Die gnostische Askese bzw. das Ideal der »nuditas sacra«

112 W. Schneemelcher, a. a. O., 107.
113 J. Ernst, Johannes der Täufer, 226.

des Gnostikers verleiht Johannes einen Erinnerungswert am Rande.[114]

Logion 104 schließlich erinnert an Mt 9,14 f. und Mk 2,18–20, wobei wiederum der Täufer keine ausdrückliche Erwähnung findet.

Es wäre noch manches über das Täuferbild der apokryphen Kindheitsevangelien zu berichten, wie etwa das sog. Protevangelium des Jakobus oder das Nikodemus-Evangelium. Doch ist deren theologische Bedeutung relativ gering; ihre erbaulich-legendarische Erzählweise, die entsprechenden Bedürfnissen der christlichen Volksfrömmigkeit entgegenkommt, ist offensichtlich. Will man den Versuch einer Zusammenfassung machen, dann ist Folgendes festzuhalten: Die heilsgeschichtliche Einschätzung des Täufers unterscheidet sich in den Apokryphen nicht grundsätzlich von den kanonischen Evangelien; Johannes ist einerseits der Letzte der Propheten, andererseits stellt er als Christuszeuge einen Neubeginn dar. »Der weitere Weg der Sakralisierung bis hin zum ersten überregional verehrten Heiligen der Kirche in Ost und West ist vorgezeichnet.«[115]

2. Das Täuferbild bei Kirchenvätern und in der Heiligenverehrung

Eine größere Rolle in der Väterexegese scheint der Täufer erst ab dem 4. Jahrhundert zu spielen. Immerhin kommen einige frühe Kirchenväter auf ihn zu sprechen, wenn auch eher in ganz knapper Form. Ignatius von Antiochien (um 110 n. Chr.) formuliert in bekenntnis-

114 A. a. O., 227.
115 J. Ernst, Johannes der Täufer, 241.

artiger Form im Blick auf Jesus Christus: »wahrhaftig geboren aus einer Jungfrau, getauft von Johannes, damit alle Gerechtigkeit von ihm erfüllt werde« (IgnSm 1,1 vgl. Mt 3,15). An einer weiteren Stelle wird der Zweck der Taufe anders bestimmt: Jesus wurde getauft, »um durch sein Leiden das Wasser zu reinigen« (IgnEph 18,2), was spätere Väter dahingehend präzisierten, Jesus wollte sich taufen lassen, um das Taufwasser zu weihen und diesem die Kraft der Wiedergeburt zu verleihen.[116] Justin der Märtyrer urteilt ebenfalls über den Täufer (um 165 n. Chr.):

»Seiner (d.h. Jesu) ersten Parusie ging als Herold Johannes vorher; denn in ihm offenbarte sich der Geist Gottes, der in Elija gewesen war.« (Dial. 49).

Besonders aber geht Tertullian auf die Johannestaufe ein. Danach ist sie nur Menschenwerk:

»Wenn nun seine Buße ein bloß menschliches Werk war, so muss auch die Taufe desselben Mannes von entsprechender Beschaffenheit gewesen sein, oder sie hätte den heiligen Geist und die Nachlassung der Sünden gewährt, falls sie himmlisch gewesen wäre.« (Bapt. X)[117]

Auch im Blick auf die Geistbegabung des Täufers kommt es zu einschränkenden Äußerungen im Vergleich zum Geistbesitz Jesu:

»... da ja selbst das, was an Johannes himmlisch war, der Geist der Weissagung, späterhin, als der Geist in seiner Fülle auf den Herrn übertragen war, so sehr abnahm, dass er den, welchen er gepredigt, welchen er als den Kommenden bezeichnet hatte, nochmals selbst fragen ließ, ob er denn auch der sei!« (Bapt. X)[118]

---

116 A.a.O., 247f.: z.B. Ambrosius, Lukaskommentar (BKV 21,104).
117 BKV 7,286.
118 BKV 7,287.

Besonders interessierte die Taufe Jesu durch Johannes. Allerdings ist sie trotz anfänglicher Ansätze (s. o., IgnSm 1,1) nicht zum Bestandteil des Glaubensbekenntnisses geworden; für die rechtgläubige Kirche, für die Jesus der ewige Logos war, dessen reale Menschwerdung längst vor der Taufe stattgefunden hatte, bedurfte Jesus nicht der Geistbegabung in der Taufe durch Johannes. Ansonsten dominiert in der alten Kirche der Gedanke, dass Jesus durch seine Taufe das Element des Wassers gereinigt habe (vgl. schon IgnEph 18,2). Die Taufe Jesu ist ein Typos der christlichen Taufe; für Cyrill von Jerusalem gilt Johannes dementsprechend als »der erste Urheber der Taufe«: »Dem Heiland ist das ganze Wirken des Vorläufers sozusagen die Operationsbasis für sein messianisches Werk.«[119] Für die alte Kirche blieb aber die dogmatische Schwierigkeit, ob es angehen könne, dass sich der ewige Sohn Gottes der Bußtaufe des Vorläufers unterzog. Viele ihrer Auslegungen sind daher Versuche, »aus einer gewissen Verlegenheit heraus den Text (d. h. der Taufe Jesu durch Johannes) in eine ›hohe‹ kirchliche Christologie hineinzustellen. In Wirklichkeit scheint er aber jeder ›hohen‹ Christologie Widerstand zu leisten.«[120] Schließlich legt ja der Taufbericht in den Evangelien eher den der Kirche anstößigen Gedanken nahe, dass Jesus der Niedrigere sei, nicht Johannes.

Was die heilsgeschichtliche Rolle des Täufers angeht, so folgen die Kirchenväter der neutestamentlichen Tradition. Johannes ist und bleibt »Vorläufer des Herrn«. Die prophetischen Geistesgaben, die einst in

119 Th. INNITZER, Johannes der Täufer nach der Heiligen Schrift und der Tradition, Wien 1908, 220.

120 U. LUZ, Das Evangelium nach Matthäus, 1. Teilband, 153.

Israel gewirkt haben, gehen in der Taufe Jesu auf diesen über. Tertullian schreibt dementsprechend (Gegen die Juden 8):[121]

»Mit Recht sagt der Evangelist: Das Gesetz und die Propheten gehen bis auf Johannes den Täufer. Nach der Taufe Christi nämlich, d. h. nachdem er das Wasser durch seine Taufe geheiligt hatte, endigte die ganze Fülle der früheren geistigen Gnadengaben in Christo, der die Vision und alle Prophetie versiegelte und durch seine Ankunft zur Erfüllung brachte.«

Andererseits gehört der Täufer, wie alle Heiligen und Gerechten, seit dem Beginn der Welt schon zur Kirche – so bei Augustin. Der Täufer gilt danach weiterhin als Vorläufer des Herrn, vor allem aber ist er »mit zunehmender Tendenz der leuchtende Stern am kirchlichen Heiligenhimmel.«[122]

Kirchen und Gedenkstätten werden zu Ehren des Heiligen im Osten und Westen der Kirche errichtet: z. B. in Sebaste, Damaskus, Jerusalem, Alexandria und Rom. Im Blick auf Rom ist die dem Täufer geweihte Lateranbasilika hervorzuheben (San Giovanni in Laterano), bei der das Baptisterium wie in Ravenna außerhalb der Kirche liegt. Die kirchliche Liturgie feierte den Märtyrer und Heiligen in besonderen Festen (24. Juni: Geburtsfest; 29. August: Fest der Enthauptung). Zur Heiligenverehrung gehörte auch die Beachtung der Reliquien. So wird berichtet, Kaiser Julian der Abtrünnige (gest. 363 n. Chr.) habe das Grab des Täufers in der Nähe des palästinischen Sebaste zerstören lassen. Weiter heißt es, dass die zu Asche verbrannten Gebeine des Johannes nicht nach dem Willen des Kaisers zerstreut wurden, sondern dass es den Christen gelang, größere Mengen dieses Schatzes zu sammeln

121 BKV 7,322.

122 J. Ernst, Johannes der Täufer, 252.

und nach Alexandria zu bringen, wo Bischof Athanasius sie aufnahm.[123] Eine besondere Reliquie war das Haupt Johannes des Täufers. Einer Überlieferung zufolge kam es im Jahre 379 nach Damaskus, wo Kaiser Theodosius I. eine Johanneskirche zur Aufnahme der Reliquie baute. Nach der Eroberung durch die islamischen Araber wurde um 700 n. Chr. die große Omajjadenmoschee daraus errichtet. Dort ist der Schrein mit dem Kopf des Täufers Gegenstand der Verehrung seitens der muslimischen Pilger, die Johannes = arabisch *Yahya* als Propheten und göttlichen Gesandten ansehen.[124] Einer anderen legendarischen Überlieferung zufolge ließ Kaiser Theodosius I. das Haupt des Täufers nach Konstantinopel bringen.

Neben dieser Reliquienverehrung ist gesondert die Grabestradition zu berücksichtigen. Nach Mk 6,29 haben seine Jünger ihren Propheten Johannes in einer Gruft bestattet, ohne dass eine Ortsangabe erfolgt. Später wusste man, dass Johannes in der Nachbarschaft des Elisagrabes, d. h. neben dem ersten Schüler des Propheten Elija, beigesetzt wurde: in Samaria. In der 401 n. Chr. geschriebenen 108. Epistel des Kirchenvaters Hieronymus berichtet dieser von einer im Jahr 385 durchgeführten Pilgerfahrt einer Christin namens Paula nach Palästina.[125] Dabei setzt dieser Bericht für die damalige Volksfrömmigkeit voraus, dass man dem verstorbenen Propheten Elisa viele Wundertaten zuschrieb, z. B. die Heilung Besessener (vgl. aber schon Sir 48,13 f.). An seinem Grabe versammelten sich viele heilungsbedürftige Kranke. Bemerkenswerterweise

---

123 H. Lietzmann, Geschichte der Alten Kirche, Berlin/New York [4.5]1975, III, 334 f.

124 F.-A. v. Metzsch, Johannes der Täufer, 100.173.

125 Zu Text und Deutung desselben vgl. J. Jeremias, Heiligengräber in Jesu Umwelt, Göttingen 1958, 132.

Abb. 14: Reliquientempel mit dem Haupt des Täufers, Omajjadenmoschee zu Damaskus (8. Jh.)

erwähnt der Bericht neben dem wundertätigen Grab des Elisa auch das des Täufers, ohne dass allerdings von besonderen Erwartungen an dieses Grab explizit die Rede wäre. Immerhin ist dieser Bericht ein Zeugnis für die Verehrung des Täufers in der Volksfrömmigkeit:

»Dort (in Samaria) liegen Elisa, der Prophet Obadja und der Größte unter den Weibgeborenen, Johannes der Täufer. Dort erzitterte sie (Paula) angesichts vieler erstaunlicher Erlebnisse. Sie sah nämlich, wie Dämonen unter den verschiedenartigsten Qualen brüllten und wie Menschen vor den Gräbern der Heiligen heulten wie Wolfe, bellten wie Hunde... Sie (Paula) hatte mit allen Mitleid... und erflehte (für sie) die Milde Christi.«

Im hohen Mittelalter erlangte eine Schrift besondere Bedeutung, die eine umfängliche Sammlung von Heiligengeschichten umfasste, die sog. Legenda aurea (13. Jahrhundert). Sie enthält eine lange Darstellung über den heiligen Johannes den Täufer und war von großer Wirkung auf den Glauben des Volkes wie auf die bildende Kunst (s. u. unter C.3).

Abschließend sei noch der Johanniterorden erwähnt. Dieser Orden geht auf ein Hospital zurück, das Johannes dem Täufer geweiht war und seit der Eroberung Jerusalems durch die Kreuzfahrer dort nachweisbar ist (11. Jahrhundert). Die Entwicklung der Hospital-Bruderschaft zu einem Orden war identisch mit ihrer Militarisierung zu einem Ritterorden. 1154 war die Johannitergemeinschaft päpstlicherseits definitiv als Orden anerkannt. In Urkunden des Ordens findet man die Eingangsformel »Gott, dem heiligen Johannes dem Täufer und den heiligen Armen.« Zur Frage, wie es zur Wahl dieses Ordenspatrons gekommen ist, existieren viele Vermutungen, die hier nicht zu erörtern sind.[126]

3. Johannes der Täufer – seine Darstellung in der Kunst

Eine der ältesten typenbildenden Darstellungen des Täufers findet sich auf dem mit Elfenbeintafeln verzierten Bischofsstuhl aus dem 6. Jahrhundert, der Kathedra des Erzbischofs Maximinian in Ravenna: Johannes erscheint als würdig gekleideter Mann. Über seinem Gewand trägt er einen über der Brust geknoteten Fellumhang, in der Hand hält er eine runde Scheibe

126 F.-A. v. Metzsch, Johannes der Täufer, 179 f.

(ein sog. Medaillon) mit dem Lamm Gottes. Seine Rechte ist zu einem Segensgestus erhoben. Sein Gesicht hat einen ernsten Ausdruck und wird von seinem wilden Bart und seinen langen, auf die Schulter fallenden Haaren gekennzeichnet. Besonders charakteristisch ist dabei das Motiv, das auch bei späteren Bildern immer wieder eine Rolle spielt: Johannes hält das Medaillon in der Hand, auf dem das Bild des Agnus dei = »Lamm Gottes« sichtbar ist (Abb. 15). In der Tat ziehen sich bestimmte Darstellungen des Täufers durch alle Jahrhunderte hindurch:[127]

1. mit einer runden Scheibe (einem sog. Medaillon) und darauf das Lamm sichtbar,
2. mit Lamm, Johannes auf dieses zeigend,
3. mit Wimpel »Ecce agnus dei«,
4. Johannes mit weisendem Finger (dem sog. Zeigegestus).

Seine Attribute sind zum einen das Ziegenfell und zum anderen seine wilde asketische Physiognomie. Dabei gilt: Johannes der Täufer ist dort, wo andere Attribute fehlen, meist am Zeigegestus zu erkennen. Dieser Gestus verweist auf das Jesuskind oder den erwachsenen Christus.

Natürlich waren die biblischen Berichte über Johannes den Täufer immer die Quelle der bildlichen Darstellungen, was gerade beim Motiv des Lammes offensichtlich ist, das auf Joh 1,29 zurückgeht: »Siehe, das Lamm Gottes, das die Sünde der Welt wegschafft.« Im Mittelalter trat noch eine Quelle neben der Bibel hinzu: die Sammlung von Heiligengeschichten der sog. Legenda aurea des Erzbischofs von Genua, Jacobus de Voragine, die im Jahrzehnt von 1263–1273 geschrieben wurde. »Sie war das wahre Volksbuch

---

127 Zum Folgenden F.-A. von Metzsch, a. a. O., 119 ff.

Abb. 15: Johannes der Täufer mit Agnus-Dei-Diskus,
Elfenbein, Ravenna (545/53)

jener Zeiten, weit mehr als die Bibel; sie war dem mittelalterlichen Menschen das, was später... dem Protestanten die Lutherische Bibel gewesen ist.«[128] Entsprechend der Reihenfolge der Gedenktage des Heiligenkalenders im Kirchenjahr werden die einzelnen Heiligen geschildert. Viele Maler und Bildhauer des Mittelalters haben ihre Vorstellung vom Leben und Wirken des Täufers aus der Legenda aurea bezogen.[129] Ein kurzer Abschnitt aus der umfangreichen Beschreibung Johannes des Täufers als eines herausragenden Heiligen sei hier zitiert:[130]

»Dieser heilige Vorläufer des Herrn hatte sonderlich neun gnadenreiche Stücke an sich: er ward von demselben Engel gekündet, der den Herrn kündete; er hüpfte in seiner Mutter Leibe; die Mutter des Herrn hob ihn auf von der Erde; er löste seines Vaters Zunge; er setzte zuerst die Taufe ein; er *wies* auf Christus *mit seinem Finger*; er taufte ihn mit seinen Händen; er lobte Christus zuerst von allen Menschen; er verkündete sein Kommen in der Vorhölle. Um dieser neun Stücke willen nennt ihn der Herr einen Propheten, und mehr denn einen Propheten.«

Das Motiv des Zeigegestus ist hier eindeutig erwähnt, das jahrhundertelang von den Malern zur Heranziehung der besonderen Funktion des Täufers verwendet worden ist. Zwei bekannte Darstellungen des Täufers sind exemplarisch hervorzuheben: das Andachtsbild des Isenheimer Altars sowie das Altarbild aus Weimar. Beide fallen schon deshalb auf, weil nicht wie sonst der Jünger Johannes unter dem Kreuz steht (Joh 19,26), sondern eben Johannes der Täufer. Andachtsbilder mit Gebetsmotivgruppen beanspruchen

128 Die Legenda aurea des Jacobus de Voragine, hrsg. von R. Benz, Darmstadt [10]1984, XXX.
129 F.-A. von Metzsch, Johannes der Täufer, 13.
130 Legenda aurea ..., 413.

Abb. 16: Isenheimer Altar, Mittelbild,
Matthias Grünewald (1510/15)

anscheinend keine synchrone Darstellung; denn zeitlich und historisch gesehen passt natürlich der Täufer nicht zur Kreuzigung Jesu, da er nach den biblischen Berichten zu dem Zeitpunkt längst gestorben war. Das Andachtsbild des Isenheimer Altars (zu Colmar), gemalt von Matthias Grünewald um 1510/15, wurde zum Trost der Kranken im Antoniter-Siechenspital in Isenheim geschaffen (Abb. 16). Auffällig ist der überlange Zeigegestus des Täufers, der selten so eindringlich auf den gekreuzigten Christus weist wie hier. In deutlicher Schrift ist sichtbar, was der Maler den Johannes sagen lässt (Joh 3,30):

»Illum oportet crescere, me autem minui.«
»Er muss wachsen, ich aber abnehmen.«

Vater und Sohn Lukas Cranach haben um 1550 (1552 vollendet) ein ähnliches Altarbild wie Grünewald gemalt, das in der Stadtkirche zu Weimar steht (Abb. 17). Wieder erscheint der Täufer mit gleicher Geste unter dem Kreuz, neben ihm Lukas Cranach der Ältere und Martin Luther. Alle drei vereinigen sich im Bekenntnis Joh 3,30, das schon den Isenheimer Altar kennzeichnet. Das Lamm steht unter dem Kreuz, womit das tradierte Motiv erneut begegnet, das auch sonst die Täuferbilder bestimmt.

Abb. 17: Altar der Stadtkirche zu Weimar, Lucas Cranach (1552)

Einen speziellen Bildtypus, der ursprünglich in der Ostkirche gebräuchlich war, danach aber auch im Westen zu finden ist, stellen die Deesis- und Maiestas-Domini-Bilder dar. Die Deesis (sprich: Dé-ësis) ist das Bild eines Fürbittgebets. Sie zeigt den thronenden oder erhöht stehenden Christus in der Mitte zwischen Maria und Johannes dem Täufer (vgl. unten Abb. 18). Seine herausgehobene Bedeutung unter den Heiligen zeigt sich eben daran, dass Johannes zugleich mit der Gottesmutter Maria als Fürbitter bei Christus fungiert, wenn beide in bittender Haltung Christus umrahmen. Besonders eindrucksvoll sind zwei Darstellungen: einmal die unter Putz entdeckte Deesis in der Hagia Sophia in Istanbul, die Johannes als *Prodomos* = »Vorläufer« tituliert (Abb. 10), sodann das Deesis-Mosaik der Apsis von San Giovanni in Laterano in Rom. Einen besonderen Höhepunkt der Verehrung findet Johannes seit dem 13. Jahrhundert in der Ikonenmalerei der Ostkirche, wenn Johannes in Asketengestalt mit Flügeln Darstellung findet, d. h. als Engel erscheint, wobei Mal 3,1 bzw. Mk 1,2 eine bildhafte Ausdeutung erfährt: »Siehe, ich sende meinen Boten vor dir her...« Griechisches *aggelos* meint ursprünglich nur den Boten, ist aber in byzantinischer Zeit seiner späteren Bedeutung entsprechend als »Engel« interpretiert (vgl. oben Abb. 11).

Die Hochzeit religiöser Hochachtung, die auch in der Kunst ihren entsprechenden Ausdruck gefunden hat, war für Johannes den Täufer das Mittelalter, das eben durch eine intensive Heiligenverehrung geprägt war. In der Renaissance wird die mittelalterliche Darstellungstradition aufgegriffen und um eine Vielzahl von neuen Motiven und Aspekten des Heiligenlebens erweitert. Besonders reich ist das 16. Jahrhundert, das Johannes z. B. als Prediger, als Täufer, als Kind mit Christusknaben oder als Jugendlichen zeigt. Einen

Höhepunkt der Entwicklung bilden die zahlreichen Interpretationen Caravaggios an der Schwelle zum Barock. Er macht auch die Enthauptung des Täufers zum Thema seiner Darstellung.

Denn inzwischen erregte auch eine andere Gestalt aus dem Umfeld der Johannestradition das besondere Interesse der Menschen: neben Johannes dem Täufer die farbenprächtige Frauengestalt der Salome.[131] In den biblischen Berichten ist die Tochter der Herodias, die den Kopf des Täufers von Herodes fordert, noch ohne Namen. Nur Josephus erwähnt ihn: Salome (Ant. 18,136). In der alten Kirche ist noch wenig von ihr die Rede. Ihr Tanz findet bei späteren Kirchenvätern Erwähnung (z. B. Johannes Chrysostomos). Im Mittelalter begegnet dann schon eine exaltiert wirkende Schilderung, die noch den Schauder asketischer Erregung und Faszination verrät (Theophanes Ceramäus):

»Als sie in der Mitte der Zecher war..., tanzte sie, rasend wie eine Bacchantin, schüttelte ihr Haar, drehte sich würdelos, streckte die Arme aus, entblößte die Brüste, warf die Füße abwechslungsweise in die Höhe, entblößte sich in schneller Bewegung ihres Körpers und zeigte vielleicht auch etwas Unaussprechliches.«

Ab dem 15. Jahrhundert wurde der Tanz der Salome zu einem beliebten Gegenstand der Kunst: »Ein biblisches Thema wurde hier um seiner Weltlichkeit willen attraktiv.«[132] Ja, es löste sich aus seinem biblischen Kontext und entwickelte sich zu einem selbständigen Bildmotiv, das vor allem im 19. Jahrhundert in der Malerei die traditionellen Johannesdarstellungen dominierte.

---

131 Zum Folgenden U. Luz, Das Evangelium nach Matthäus, 2. Teilband, 392 f.

132 A. a. O., 393.

Auch in der Literatur wuchs das Interesse an Salome. War sie in den Johannesspielen des 16. Jahrhunderts der Typ der »listigen Schlange« bzw. der Anstifterin zum Bösen, wenn etwa Hans Sachs um 1550 Salome so darstellt, dass sie ihrer Mutter vorschlägt, den Täufer durch Gift oder heimlichen Mord zu beseitigen, so gewann Salome später im Zuge der Emanzipation ganz neue Züge. Das Thema interessierte etwa Heinrich Heine, der in seinem ironischen »Atta Troll« (1847 in endgültiger Fassung) die Salome-Tradition variierte.[133] Er lässt in diesem Werk Herodias (nicht Salome) in der Johannisnacht als Nachtgespenst bis zum Jüngsten Tage daherfahren, weil sie Johannes geliebt hat. Sie sitzt auf einem Zelter und küsst das Haupt des Propheten:

»Denn sie liebte einst Johannem –
    In der Bibel steht es nicht...
Anders wär ja unerklärlich
    Das Gelüste jener Dame –
Wird ein Weib das Haupt begehren
    Eines Manns, den sie nicht liebt?
War vielleicht ein bißchen böse
    Auf den Liebsten, ließ ihn köpfen;
Aber als sie auf der Schüssel
    Das geliebte Haupt erblickte,
Weinte sie und ward verrückt,
    Und sie starb in Liebeswahnsinn.
(Liebeswahnsinn! Pleonasmus!
    Liebe ist ja schon ein Wahnsinn!)«

Die Johannesüberlieferung ist hier gründlich auf den Kopf gestellt und ihres Ursprungs völlig entfremdet! Den literarischen Höhepunkt erreichte das Salome-Thema in Oscar Wildes Stück »Salome« (1893). Vielleicht angeregt durch eine Novelle Gustave Flauberts,

---

133 H. Heine, Sämtliche Schriften, hrsg. v. K. Briegels, IV, München 1971, 543.

wahrscheinlich aber durch die Arbeit von Stéphane Mallarmé an seinem Versepos Hérodiade, schrieb Wilde das Werk in französischer Sprache.[134] Wilde störte die Sanftmut der biblischen Salome, die Herodias widerspruchslos gehorcht und ihr den Kopf ohne weiteres ausliefert. Bei Wilde fordert Salome das Haupt des Johannes, nicht, um ihrer Mutter zu gefallen, sondern weil ihre Liebe unerwidert geblieben ist. Als ihr der Kopf des Johannes präsentiert wird, ruft sie: »Ach, du wolltest nicht, dass ich deinen Mund küsse! Jetzt kannst du mich wohl nicht mehr daran hindern.« Wenn Wilde den glühenden Liebesrausch der Salome schildert, spürt man die schwüle, drückende Stimmung, die im Kuss der Lippen des Johannes ihren Höhepunkt findet. Herodes packt das Entsetzen bei diesem Anblick, so dass er Salome töten lässt.

Seine künstlerische Vollendung findet das Salome-Thema durch den Komponisten Richard Strauss, der das Schauspiel von Wilde in der Inszenierung von Max Reinhardt in Berlin 1903 gesehen hat. Seine einaktige Oper »Salome«, uraufgeführt 1905, ist geprägt durch den Gegensatz des asketischen Bußpropheten, der die Ankunft des Messias vorhersagt, und der dominant schwül-dekadenten Stimmung am Hofe des Tetrarchen Herodes. Höhepunkt ist die Stimme der Salome, die leidenschaftlich fordert:

»Ich will deinen Mund küssen, Jochanaan.«

In der Schlussszene ist Salomes Liebesleidenschaft bis zur Ekstase gesteigert:

»Ich habe deinen Mund geküsst, Jochanaan.«

---

134 Vgl. zum Folgenden R. ELLMANN, Oscar Wilde, München 2000, 467–470.474 f.

4. Schluss

Die Karriere Johannes des Täufers hat im Laufe jahrhundertelanger Geschichte einen erstaunlichen Aufschwung erlebt. War der Täufer für die jüdische Geschichtsschreibung eine Randfigur, die der Historiker Josephus eigentlich nur wegen der politischen Verwicklungen zwischen dem Tetrarchen Herodes Antipas und den Nabatäern erwähnt, bei der Johannes wegen seiner Ehekritik an Herodes involviert ist – der Täufer eine Randglosse der Geschichte –, so ist er für das frühe Christentum auch nicht um seiner selbst willen interessant, sondern hat nur als Wegbereiter, Vorläufer und Zeuge Jesu als des Christus Bedeutung. Als solcher hat er dann allerdings eine himmelstürmende Karriere erfahren, die ihn in den christlichen Heiligenhimmel führte. Von den Christen total vereinnahmt, hat er sein jüdisches Gewand abgelegt, um schließlich als christliche Reliquie, als Patron christlicher Kirchen, ja neben Maria als Fürbitter vor dem thronenden Christus in Deesis-Darstellungen zu fungieren (vgl. Abb. 18).

Dabei hat sich historisch-kritische Forschung klar zu machen, dass die tatsächliche Eigenbedeutung dieses jüdischen Propheten immens war. Ohne das Wirken Johannes des Täufers ist das Auftreten Jesu von Nazaret historisch nicht vorstellbar. Durch die eschatologische Bußpredigt des Johannes wie viele andere angezogen und aus dem bäuerlichen und handwerklichen Milieu Galiläas herausgerissen, lässt sich Jesus von Johannes taufen und dokumentiert damit, dass er sich von der Buß- und Gerichtspredigt dieses Propheten getroffen fühlt. Nach einer »Lehrzeit« bei Johannes geht Jesus von Nazaret dann eigene Wege, wenn er die in der Gegenwart bereits ansatzweise anbrechende Gottesherrschaft als Zeit der Freude proklamiert und durch entsprechende Machttaten realisiert. Hier unterscheidet sich Jesus von Johannes, wenn diese Differenz auch nicht dazu führen darf, ein totaliter aliter zwischen beiden zu konstituieren: hier der asketisch-finstere Bußprophet – dort der strahlende Heiland, der den Himmel auf Erden einen Spalt weit öffnet. Sicher erwartet Johannes die unmittelbar bevorstehende Katastrophe des vernichtenden Feuergerichts, vor der er die umkehrbereiten Juden durch seine Taufe und die dazu gehörende Umkehrpredigt retten will. Die Anklage an das jüdische Volk »Ihr Schlangenbrut« und die Drohung, Gott könnte diesem Volk die alte Abrahamsverheißung entziehen und es der Vernichtung preisgeben, sind Züge, die damals wie heute Erschrecken erzeugen. Ebenso gewiss zeichnet sich Jesus demgegenüber dadurch aus, dass er Zöllner und Sünder als die Verlorenen Israels sammelt und einlädt, um mit ihnen jetzt schon das Festmahl der anbrechenden Heilszeit zu feiern (Lk 15,2):

Abb. 18: Deesis, Gerichtsportal der Kathedrale zu Reims (13. Jh.)

»Dieser nimmt Sünder an und isst mit ihnen.«

Gleichwohl gilt ebenso, dass auch für Jesus von Nazaret die Gerichtsansage als Kehrseite der Medaille eine für das populäre und zum Kitsch neigende Heilandsbild befremdliche Komponente hat: Wer das angebotene Heil verwirft, verfällt dem Gericht (Lk 13,3.5):

»... wenn ihr nicht umkehrt, werdet ihr alle genauso umkommen.«

In der ebenfalls für Jesus gültigen Gerichtsaussage, die allerdings einen anderen Stellenwert hat angesichts der Dominanz seiner Heilsansage, ist Jesus sehr wahrscheinlich Johannes dem Täufer gefolgt. Insofern ist Johannes Wegbereiter Jesu von Nazaret gewesen. Dass er für die frühen Christen zum Vorläufer Jesu als des Christus wurde und damit in den Schatten Jesu trat, ist eine ganz andere Sache. Wirkungsgeschichtlich hat dieses Johannesbild die christlichen Jahrhunderte geprägt: Johannes, der mit dem Finger auf Christus als das Lamm Gottes zeigt; Johannes, der Zeuge Jesu als des Sohnes Gottes, der nur um der überlieferten Verbundenheit mit Jesus willen das christliche Interesse beansprucht. Es ist ja schwerlich die ursprüngliche Gestalt im historischen Sinne, die diese bleibende und nachhaltige Bedeutung gehabt hat; vielmehr war es die kreative Phantasie der jeweiligen Zeit, die im Gefolge des Christusglaubens auch der Person des Johannes dieses Gewicht beschert hat. Historisch verdient es dieser jüdische Prophet allemal, nicht vergessen zu werden. Er hat das Auftreten des anderen jüdischen Propheten Jesus von Nazaret beeinflusst; er hat der christlichen Kirche indirekt ihre Taufe geschenkt, wenn diese auch in der christlichen Rezeption eine grundlegende Umprägung erfuhr. Theologisch gesehen kann dieser Bußprediger der Kirche immer dann sein ergrimmtes Gesicht zeigen, wenn diese Kirche zu vergessen scheint, was ihres wahren Amtes ist, wie die in der »Einführung« dieses Buches besprochene Predigt H. Gollwitzers zeigt, die er am Bußtag im November 1938 nach dem Judenprogrom der sog. Kristallnacht gehalten hat.

D. VERZEICHNISSE

1. Literaturverzeichnis

ALAND, KURT: Zur Vorgeschichte der christlichen Taufe, in: Neues Testament und Geschichte. FS f. O. Cullmann, Tübingen 1972, 1–14.

ANDRESEN, CARL: Die Kirche der alten Christenheit, Stuttgart u. a. 1971.

BACKHAUS, KNUT: Die »Jüngerkreise« des Täufers Johannes. Eine Studie zu den religionsgeschichtlichen Ursprüngen des Christentums, Paderborner Theologische Studien 19, Paderborn u. a. 1991.

BALDENSPERGER, WILHELM: Der Prolog des vierten Evangeliums, Freiburg 1898.

BAUER, WALTER: Das Leben Jesu im Zeitalter der neutestamentlichen Apokryphen, Darmstadt 1967 (Nachdruck der Ausgabe von 1909).

BECKER, JÜRGEN: Das Evangelium nach Johannes I/II, ÖTK IV 1/2, Gütersloh/Würzburg ^{3}1991.

BECKER, JÜRGEN: Jesus von Nazaret, Berlin/New York 1996.

BECKER, JÜRGEN: Johannes der Täufer und Jesus von Nazareth, BSt 63, Neukirchen-Vluyn 1972.

BECKER, JÜRGEN: Die Testamente der zwölf Patriarchen, JSHRZ III/1, Gütersloh 1974.

BECKER, JÜRGEN: Das Urchristentum als gegliederte Epoche, SBS 155, Stuttgart 1993.

BENZ, RICHARD (Hrsg.): Die Legenda aurea des Jacobus de Voragine, Darmstadt ^{10}1984.

BERGER, KLAUS: Theologiegeschichte des Urchristentums, Tübingen/Basel 1994.

BÖCHER, OTTO: Art. Johannes der Täufer I. Religionsgeschichtlich, II. Neues Testament, TRE 17, Berlin/New York 1988, 172–181.

BÖCHER, OTTO: Johannes der Täufer in der neutestamentlichen Überlieferung, in: Rechtfertigung – Realismus – Universalismus in biblischer Sicht. FS A. Köberle, Darmstadt 1978, 45–68.

BÖHLEMANN, PETER: Jesus und der Täufer. Schlüssel zur Theologie und Ethik des Lukas, MSSNTS 99, Cambridge 1997.

BOVON, FRANÇOIS: Das Evangelium nach Lukas 1. Teilband, EKK III/1, Zürich/Neukirchen-Vluyn 1989.

BULTMANN, RUDOLF: Das Evangelium des Johannes, KEK, Göttingen, [16]1959.

CLEMENTZ, HEINRICH (Hrsg.): Des Flavius Josephus Jüdische Altertümer, Wiesbaden o. J.

DIBELIUS, MARTIN: Die Formgeschichte des Evangeliums, Tübingen [3]1959.

DIBELIUS, MARTIN: Jungfrauensohn und Krippenkind, in: Ders., Botschaft und Geschichte I, Tübingen 1953, 1–78.

DIBELIUS, MARTIN: Die urchristliche Überlieferung von Johannes dem Täufer, FRLANT 15, Göttingen 1911.

DIETZFELBINGER, CHRISTIAN: Pseudo-Philo: Antiquitates Biblicae, JSHRZ II/2, Gütersloh 1979.

EBNER, MARTIN: Jesus ein Weisheitslehrer?, HBS 15, Freiburg u. a. 1998.

EGO, BEATE/LANGE, ARMIN/PILHOFER, PETER (Hrsg.): Gemeinde ohne Tempel, WUNT 118, Tübingen 1999.

ELLMANN, RICHARD: Oscar Wilde, München 2000.

ERNST, JOSEF: Johannes der Täufer. Interpretation – Geschichte – Wirkungsgeschichte, BZNW 53, Berlin/New York 1989.

GNILKA, JOACHIM: Das Evangelium nach Markus 1. Teilband, EKK II/1, Zürich/Neukirchen-Vluyn [5]1998.

GNILKA, JOACHIM: Jesus von Nazaret, Freiburg/Basel/Wien 1993.

GNILKA, JOACHIM: Das Martyrium Johannes' des Täufers (Mk 6,17–29), in: Orientierung an Jesus. FS J. Schmid, Freiburg 1973, 78–92.

HEINE, HEINRICH: Sämtliche Schriften, hrsg. von K. Briegels, IV, München 1971.

HOFFMANN, PAUL: Studien zur Theologie der Logienquelle, NTA NF 8, Münster 1972. [3]1982.

HOLLENBACH, PAUL W.: The Conversion of Jesus. From Jesus the Baptizer to Jesus the Healer, ANRW II 25.1, Berlin/New York 1982, 196–219.

HORN, FRIEDRICH WILHELM: Glaube und Handeln in der Theologie des Lukas, GTA 26, Göttingen 1983.

INNITZER, THEODOR: Johannes der Täufer nach der Heiligen Schrift und der Tradition, Wien 1908.

JEREMIAS, JOACHIM: Die Abendmahlsworte Jesu, Göttingen ^{3}1960.

JEREMIAS, JOACHIM: Heiligengräber in Jesu Umwelt, Göttingen 1958.

JEREMIAS, JOACHIM: Neutestamentliche Theologie. Erster Teil: Die Verkündigung Jesu, Gütersloh 1971.

KLAUCK, HANS-JOSEF: Apokryphe Evangelien. Eine Einführung, Stuttgart 2002.

KLAUCK, HANS-JOSEF: Vorspiel im Himmel? Erzähltechnik und Theologie im Markusprolog, BThSt 32, Neukirchen-Vluyn 1997.

KONRAD, JOACHIM (Hrsg.): Die evangelische Predigt, Bremen 1963.

KOPP, CLEMENS: Die heiligen Stätten der Evangelien, Regensburg ^{2}1964.

KRAELING, CARL H.: John the Baptist, New York/London 1951.

LICHTENBERGER, HERMANN: Täufergemeinden und frühchristliche Täuferpolemik im letzten Drittel des 1. Jahrhunderts, ZThK 84, 1987, 36–57.

LIETZMANN, HANS: Geschichte der Alten Kirche, Berlin/New York $^{4.5}$1975.

LOHFINK, GERHARD: Der Ursprung der christlichen Taufe, in: Ders., Studien zum Neuen Testament, Stuttgarter Biblische Aufsatzbände 5, Stuttgart 1989, 173–198.

LOHMEYER, ERNST: Das Urchristentum. 1. Buch: Johannes der Täufer, Göttingen 1932.

LUZ, ULRICH: Das Evangelium nach Matthäus. 1. und 2. Teilband, EKK I/1 und I/2, Zürich/Neukirchen-Vluyn ^{4}1997 und ^{3}1990.

MERKLEIN, HELMUT: Jesu Botschaft von der Gottesherrschaft, SBS 111, Stuttgart ^{3}1989.

METZSCH, FRIEDRICH-AUGUST VON: Johannes der Täufer. Seine Geschichte und seine Darstellung in der Kunst, München 1989.

Mittmann-Richert, Ulrike: Magnificat und Benediktus. Die ältesten Zeugnisse der judenchristlichen Tradition von der Geburt des Messias, WUNT 2. Reihe 90, Tübingen 1996.

Müller, Ulrich B.: Prophetie und Predigt im Neuen Testament. Formgeschichtliche Untersuchungen zur urchristlichen Prophetie, StNT 10, Gütersloh 1975.

Müller, Ulrich B.: Vision und Botschaft. Erwägungen zur prophetischen Struktur der Verkündigung Jesu, ZThK 74, 1977, 416–448.

Norden, Eduard: Die Geburt des Kindes, Darmstadt [3]1958.

Öhler, Markus: Elia im Neuen Testament. Untersuchungen zur Bedeutung des alttestamentlichen Propheten im frühen Christentum, BZNW 88, Berlin/New York 1997.

Reiser, Marius: Die Gerichtspredigt Jesu. Eine Untersuchung zur eschatologischen Verkündigung Jesu und ihrem frühjüdischen Hintergrund, NTA NF 23, München 1990.

Schlatter, Adolf: Johannes der Täufer, hrsg. v. W. Michaelis, Basel 1956.

Schnackenburg, Rudolf: Das Johannesevangelium. 1. Teil und 2. Teil, HThK IV/1 und IV/2, Freiburg [2]1967 und 1971.

Schneemelcher, Wilhelm (Hrsg.): Neutestamentliche Apokryphen in deutscher Übersetzung. I. Band: Evangelien, Tübingen [5]1987.

Schneemelcher, Wilhelm (Hrsg.): Neutestamentliche Apokryphen in deutscher Übersetzung. II. Band: Apostolisches, Apokalypsen und Verwandtes, Tübingen [5]1989.

Schneider, Gerhard: Das Evangelium nach Lukas. Kap. 1–10, ÖTK 3/1, Gütersloh/Würzburg [3]1994.

Schröter, Jens: Jesus und die Anfänge der Christologie, BThSt 47, Neukirchen-Vluyn 2001.

Schürmann, Heinz: Das Lukasevangelium. 1. Teil, HThK III/1, Freiburg [3]1984.

Schütz, Roland: Johannes der Täufer, AThANT 50, Zürich/Stuttgart 1967.

SCHULZ, SIEGFRIED: Q – die Spruchquelle der Evangelisten, Zürich 1972.

STEGEMANN, HARTMUT: Die Essener, Qumran, Johannes der Täufer und Jesus, Freiburg/Basel/Wien [9]1999.

STOWASSER, MARTIN: Johannes der Täufer im Vierten Evangelium, ÖBS 12, Klosterneuburg 1992.

THEISSEN, GERD: Lokalkolorit und Zeitgeschichte in den Evangelien. Ein Beitrag zur Geschichte der synoptischen Tradition, NTOA 8, Freiburg (CH)/Göttingen 1989.

THEISSEN, GERD/MERZ, ANNETTE: Der historische Jesus, Göttingen 1996.

THIESSEN, WERNER: Christen in Ephesus. Die historische und theologische Situation in vorpaulinischer und paulinischer Zeit und zur Zeit der Apostelgeschichte und der Pastoralbriefe, TANZ 12, Tübingen/Basel 1995.

TILLY, MICHAEL: Johannes der Täufer und die Biographie der Propheten. Die synoptische Überlieferung und das jüdische Prophetenbild zur Zeit des Täufers, BWANT 17, Stuttgart/Berlin/Köln 1994.

TRILLING, WOLFGANG: Die Täufertradition bei Matthäus, BZ NF 3, 1959, 271–289.

VIELHAUER, PHILIPP: Das Benedictus des Zacharias (Lk 1,68–79), in: Ders., Aufsätze zum Neuen Testament, ThB 31, München 1965, 28–46.

VIELHAUER, PHILIPP: Tracht und Speise Johannes des Täufers, in: Ders. Aufsätze zum Neuen Testament, ThB 31, München 1965, 47–54.

WEBB, ROBERT L.: John the Baptizer and Prophet, JSNTS 62, Sheffield 1991.

WOLFF, CHRISTIAN: Der erste Brief des Paulus an die Korinther, ThHKNT 7, Leipzig 1996.

ZAGER, WERNER: Gottesherrschaft und Endgericht in der Verkündigung Jesu, BZNW 82, Berlin/New York 1996.

2. Abbildungsverzeichnis

Abb. 14: Reliquientempel mit dem Haupt des Täufers, Omajjadenmoschee zu Damaskus (8. Jh.), Bild aus von Metzsch, a. a. O., Abb. 202.

Abb. 15: Johannes der Täufer mit Agnus-Dei-Diskus, Elfenbein, Ravenna (545/53), Bild aus von Metzsch, a. a. O., Abb. 128.

Abb. 16: Isenheimer Altar, Mittelbild, Matthias Grünewald (1510/15), Bild aus von Metzsch, a. a. O., Abb. 172.

Abb. 17: Altar der Stadtkirche zu Weimar, Lucas Cranach (1552), Bild aus von Metzsch, a. a. O., Abb. 171.

Abb. 18: Deesis, Gerichtsportal der Kathedrale zu Reims (13. Jh.), Bild aus Paulus Hinz, Deus Homo II, Berlin 1981, Abb. 117.

Zeitfracht Medien GmbH
Ferdinand-Jühlke-Straße 7
99095 Erfurt, Deutschland
produktsicherheit@kolibri360.de

Druck:
CPI Druckdienstleistungen GmbH
im Auftrag der
Zeitfracht Medien GmbH
Ein Unternehmen der Zeitfracht - Gruppe
Ferdinand-Jühlke-Str. 7
99095 Erfurt